Werner und Susanne Lantermann

Kakadus

Eingewöhnung, Pflege, Ernährung, Krankheiten, Zucht
Sonderteil: Das Verhalten der Kakadus

Mit Farbfotos bekannter Tierfotografen
und Zeichnungen von Fritz W. Köhler

GU

Gräfe und Unzer

Die Farbfotos auf dem Buchumschlag zeigen:
Umschlagvorderseite: Gelbwangenkakadu.
Umschlagseite 2: Goffin-Kakadu.
Umschlagseite 3: Molukkenkakadu.
Umschlagrückseite: Oben: Rosakakadu; unten links: Molukkenkakadu; unten rechts: Goffin-Kakadu.

Die Fotografen
Lantermann: Seite 9; Martin: Seite 38 o. l., u. r.; Pfeffer: Seite 38 o. r., u. l.; Schweiger: Seite 45, 46; Skogstad: U 1, U 2, Seite 10, 27, 28, 37, U 3, U 4

CIP-Titelaufnahme der Deutschen Bibliothek

Lantermann, Werner
Kakadus : Eingewöhnung, Pflege, Ernährung, Krankheiten, Zucht ; Sonderteil: das Verhalten der Kakadus / Werner und Susanne Lantermann. Mit Farbfotos von Karin Skogstad und Zeichn. von Fritz W. Köhler. – 2. Aufl. – München: Gräfe u. Unzer, 1991
(GU-Tier-Ratgeber)
ISBN 3-7742-3449-3
NE: Lantermann, Susanne:

2. Auflage 1991

Redaktionsleitung: Hans Scherz
Redaktion: Renate Weinberger
Lektorat: Gabriele Kreitz
Herstellung: Johannes Schmidt-Thomé
Umschlaggestaltung: Heinz Kraxenberger
Satz und Druck des Textteils:
Buch- und Offsetdruckerei Wagner GmbH
Reproduktion und Druck der Farbtafeln und des Umschlags: Graphische Anstalt E. Wartelsteiner
Bindung: R. Oldenbourg

ISBN 3-7742-3449-3

Werner Lantermann
Seit 1981 Leiter des Privatinstitutes für Papageienforschung in Oberhausen. Sein besonderes Interesse gilt den Großpapageien Süd- und Mittelamerikas; zahlreiche Veröffentlichungen in Fachzeitschriften, Autor erfolgreicher Bücher über Papageienhaltung und -zucht, darunter des GU Ratgebers Tier-Praxis »Papageien« und des GU Tier-Ratgebers »Amazonen«.

Susanne Lantermann
Mitarbeiterin im Privatinstitut für Papageienforschung in Oberhausen und Mitautorin mehrerer Bücher über afrikanische und südamerikanische Papageien.

Inhalt

Ein Wort zuvor

Kakadu – ein Wort aus der malaiischen Sprache – bedeutet übersetzt: Kneifzange. Ob diese Übersetzung korrekt ist, weiß man nicht so genau. Einleuchtend ist sie jedenfalls für alle, die schon mal den starken Schnabel eines Kakadus zu spüren bekommen haben. Und ein vernachlässigter, falsch gehaltener Kakadu, der weder Mensch noch Artgenosse zum ständigen Partner hat, kann sich nicht nur zur sprichwörtlichen »Kneifzange« entwickeln, sondern noch dazu zu einem traurigen Federrupfer, der eines Tages kahlgerupft in seinem Käfig sitzt, und bei dem nur noch die charakteristische Federhaube darauf hindeutet, daß er ein Kakadu ist. Dabei sind diese geselligen Papageien bei artgerechter Haltung und Pflege die liebenswertesten Wesen, deren unendlicher Erfindungsreichtum und ausgeprägte Verspieltheit Kakadufreunde immer wieder von neuem begeistern.
In diesem GU Ratgeber werden alle wichtigen Fragen beantwortet, die sich bei der artgerechten Kakaduhaltung stellen. Die Autoren, Werner und Susanne Lantermann, sind Experten für Papageienhaltung und -zucht; ihre Kenntnisse und Erfahrungen geben sie in diesem Ratgeber weiter. Sie erklären, warum Kakadus am besten paarweise gehalten werden sollten, erläutern, was vor der Anschaffung eines Kakadus zu bedenken ist, worauf man beim Vogelkauf achten muß, wie eine artgerechte Kakaduunterkunft aussehen sollte und welche Nahrung sich für Kakadus eignet.
In dem Kapitel »Gesunderhaltung und Krankheiten« geben die Autoren Hinweise, wie man Krankheiten vorbeugt, was der Kakadubesitzer tun kann, wenn der Papagei krank wird, und Sie erhalten wichtige Hinweise auf Krankheiten, die auf den Menschen übertragbar sind. Aus dem Wissen um die Situation der Kakadus in ihrer Heimat – viele sind vom Aussterben bedroht – ist es den Autoren ein besonderes Anliegen, Kakaduliebhaber zur Zucht anzuregen. Deshalb enthält dieser GU Tier-Ratgeber auch eine Anleitung für die Zucht von Kakadus. Aufgrund des Washingtoner Artenschutzübereinkommens (WA) werden heute nur noch sieben Kakadu-Arten (aufgeführt im Anhang II des WA) mehr oder weniger häufig im Handel angeboten. Der ausführlichen Beschreibung dieser Arten mit Angaben zu Aussehen, Verbreitung, Lebensraum und speziellen Tips zur Haltung ist ein eigenes Kapitel gewidmet. Der in diesem Kapitel ebenfalls beschriebene Molukkenkakadu wurde im Oktober 1989 als eine vom Aussterben besonders bedrohte Tierart in den Anhang I des WA aufgenommen (→ Seite 12).
Verständnis für die Lebensweise der Kakadus vermitteln und zu Beobachtungen anregen soll das Kapitel »Das Verhalten der Kakadus«, in dem die wichtigsten Verhaltensweisen dieser lebhaften und verspielten Papageien beschrieben werden.
Die leicht verständlichen Ratschläge und Anleitungen sind durch zahlreiche informative Zeichnungen und faszinierende, zum Teil erstmalig veröffentlichte Farbfotos illustriert.
Dieser GU Ratgeber bietet Anfängern eine umfassende Anleitung für die artgerechte Haltung von Kakadus, aber auch erfahrene Kakaduhalter finden darin gewiß nützliche Tips und neue Anregungen.
Autoren und Verlag danken allen, die an diesem Buch mitgearbeitet haben: den Tierfotografen, insbesondere Karin Skogstad, für die außergewöhnlich schönen Fotos, dem Zeichner Fritz W. Köhler für die informativen Zeichnungen, der Tierärztin Dr. Gabriele Wiesner für die Durchsicht des Kapitels »Gesunderhaltung und Krankheiten«, sowie Herrn Rechtsanwalt Reinhard Hahn für die Beratung bei den Themen Artenschutz und Formalitäten beim Kauf.

Wichtig: Damit die Freude am Kakadu als Heimtier ungetrübt bleibt, beachten Sie bitte die »Wichtigen Hinweise« auf Seite 56.

Überlegungen vor der Anschaffung

Was Kakadus von anderen Papageien unterscheidet

Kakadus unterscheiden sich sowohl äußerlich als auch in ihrem Wesen von anderen Papageienarten:
Das Federkleid: Ihr eintöniges, meist weißes oder dunkles Federkleid und ihre bewegliche Federhaube stehen im Gegensatz zu dem farbenprächtigen Gefieder von zum Beispiel Aras oder Amazonen.
Anhänglichkeit: Vor allem, wenn Kakadus als Jungvögel in einen Haushalt gelangen und dort eine Bezugsperson finden, werden sie mit der Zeit so anhänglich und zahm, daß eine Trennung ohne Schaden für den Kakadu fast nicht mehr möglich ist. Daraus ergeben sich für die Bezugsperson schwerwiegende Verpflichtungen. Sie muß sich täglich ausgiebig um den Kakadu kümmern, also sehr viel Zeit opfern, um die mehr oder weniger unfreiwillige Partnerrolle zu erfüllen.
Außerdem lassen sich solche Vögel nur noch schwer an einen Artgenossen gewöhnen und sind deshalb für Zuchtversuche schwierig einzusetzen. Kaum ein Kakaduhalter weiß um diese Folgen zu Anfang seiner Zähmungsbemühungen.
Spielverhalten und Lautäußerungen: Fast alle Kakaduarten zeigen ein ausgeprägtes Spielverhalten mit schier unendlichem »Erfindungsreichtum«. Zahme Stubenvögel lernen ausnahmslos irgendwelche Kunststückchen, Schaukel- und Kletterübungen oder den Gebrauch von verschiedenen Gegenständen als »Werkzeuge«. Solche Übungen werden tagsüber beinahe ununterbrochen durchgeführt, so daß die Vögel – von wenigen Ruhephasen abgesehen – fast ständig in Bewegung sind. Kakadus begleiten ihre Spiele mit Lautäußerungen, die sich bei den großen Arten manchmal bis zu ohrenbetäubendem Dauergeschrei steigern können.
Schnabelkraft: Schließlich darf auch die enorme Schnabelkraft mancher Kakadus nicht unerwähnt bleiben. Kaum eine andere Großpapageienart kann mit dem Schnabel soviel anrichten wie Kakadus. Mit Leichtigkeit nehmen sie Gegenstände wie beispielsweise die herkömmlichen Plastikfutternäpfe auseinander, von der regelmäßigen Zerholzung der Sitzstangen ganz zu schweigen. Den größeren Kakadus gelingt es auch, bei gewöhnlichen Papageienkäfigen in kurzer Zeit die Gitterstäbe zu verbiegen und die Schweißstellen aufzuknacken. Eine zusätzliche Sicherung der Käfigtüren ist deshalb ratsam (→ Seite 13). Die Anschaffung von geeigneten, stabilen (und damit leider recht teuren) Unterkünften ist somit Voraussetzung für die Kakaduhaltung (→ Seite 13).

Soziale Gefiederpflege. Zwei Kakadus, die gut zusammen harmonieren, pflegen sich häufig gegenseitig das Gefieder, vor allem an den Stellen, die der Vogel selbst nicht erreichen kann.

Nachahmungsbegabung: An die »Sprechbegabung« der Kakadus sollte man keine allzu großen Erwartungen stellen. Es gibt einzelne Vögel, die bei systematischem Training einige menschliche Wörter, Laute von Tieren oder Haushaltsgeräusche wiedergeben können. Die »Sprechkünstler« finden sich vor allem unter den Graupapageien und Amazonen. Kakadus dagegen sind eher in der

Lage, Bewegungen nachzuahmen. Diese Eigenschaft machen sich viele Artisten zunutze, die ihren Kakadus das »Tanzen«, Rollschuhfahren oder Tauziehen beibringen.

Die charakteristischen Federhauben der Kakadus sind je nach Art in ihrer Form verschieden. Man unterscheidet: Spitzhaube (vorne) und Rundhaube (hinten rechts und hinten links).

Was vor dem Kauf eines Einzelvogels zu bedenken ist

Hat man sich mit den »Charaktereigenschaften« eines Kakadus ein wenig vertraut gemacht und entschieden, daß eine Haltung in Frage kommt, müssen folgende Dinge besonders bedacht werden:
Kakadus ohne Partnervogel sind auf die ständige Zuwendung des Pflegers angewiesen. Mit der Zeit entsteht durch die zunehmend intensivere Mensch-Tier-Beziehung eine zu Anfang kaum übersehbare, äußerst zeitraubende Verpflichtung, der manche Menschen auf Dauer kaum gewachsen sind.
Für die Versorgung eines einzelnen Kakadus sollten Sie pro Tag durchschnittlich 20 bis 30 Minuten Arbeitszeit einplanen. Folgende Arbeiten fallen an: Futterzubereitung, Säuberung der Futternäpfe und der Käfigumgebung innerhalb der Wohnung, sowie tägliches Staubwischen, denn Kakadus sondern regelmäßig Gefiederstaub ab (→ Seite 21).
Die laute Stimme eines Kakadus kann vor allem in Mietwohnungen zu Streit mit den Nachbarn führen. Treffen Sie deshalb von vornherein Vereinbarungen mit dem Vermieter und den Nachbarn.
Während des Urlaubs und im Krankheitsfall sollte der Kakadu von jemand versorgt werden, den er bereits kennt. Kümmern Sie sich rechtzeitig darum.
Die Anschaffungskosten für einen Kakadu sind recht hoch, und auch die artgerechte Ausstattung für seine Haltung ist kostspielig.

Was vor dem Kauf eines Paares zu bedenken ist

Grundsätzlich gelten vor der Anschaffung eines Kakadupaares die gleichen Überlegungen wie zuvor beschrieben. Hinzu kommt:
Zwei harmonierende Kakadus nehmen die Zeit des Pflegers weniger in Anspruch, weil sie nicht so sehr auf seine ständige Zuwendung angewiesen sind wie ein Einzelvogel.
Die Lärmbelästigung wird bei der Haltung mehrerer Vögel natürlich größer. Vor allem, wenn die Kakadus in einer Gartenvoliere leben, kann ihr Geschrei zum Streit mit lärmempfindlichen Nachbarn führen.
Der tägliche Aufwand für Reinigung und Pflege nimmt zu. Der Zeitaufwand für die Futterzubereitung kann sich erhöhen, wenn man züchten will (→ Seite 35).
Die Haltung von mehr als zwei Kakadus ist besonders für Kakaduliebhaber interessant, die Zuchtabsichten haben. Hierfür ist die Herrichtung einer Vogelstube (→ Seite 14) oder der Bau einer Volierenanlage (→ Seite 17) empfehlenswert.

Überlegungen vor der Anschaffung

Kakadus und andere Papageien

Gleichgroße andere Papageien: Mit ihnen vertragen sich Kakadus meist recht gut, wenn innerhalb eines Käfigs oder einer Voliere genügend Ausweichmöglichkeiten vorhanden sind. Keinesfalls sollte man jedoch einem harmonierenden Kakadupaar einen dritten Vogel hinzugesellen. Er würde vermutlich von den »Hausherren« verdrängt, gejagt und müßte über kurz oder lang wieder von dem Paar getrennt werden.
Kleinere Sittich- und Papageienarten: Eine Vergesellschaftung halten wir für nicht empfehlenswert. Die kleineren Vögel fallen wahrscheinlich schnell den starken Schnäbeln der Kakadus zum Opfer. Ausnahmen bestätigen die Regel!

Kakadus und andere Heimtiere

Hunde und Katzen: Unter Umständen können sich Kakadus gut mit ihnen arrangieren, wenn beide Parteien vorsichtig aneinander gewöhnt werden. Katzen zum Beispiel haben nach einer unangenehmen Begegnung mit dem starken Kakaduschnabel einen lebenslangen Respekt vor diesen Tieren und machen oft einen großen Bogen um Papageienkäfige. Aber auch über harmonische Beziehungen zwischen Hunden, Katzen und Großpapageien wird in der Presse gelegentlich berichtet. Im Einzelfall muß man stets ausprobieren, was geht und was nicht.
Kleine Heimtiere: Kleinsäuger wie Meerschweinchen, Hamster oder Mäuse vertragen sich keinesfalls mit Kakadus. Bei direktem Kontakt kommt es häufig zu tödlichen Zwischenfällen für die körperlich unterlegenen Kleintiere. Auch kleinere Vögel wie Zebrafinken oder Kanarienvögel würden schnell die Opfer der Kakadus.

Kakadus und Kinder

Babys und Kleinkinder dürfen nie mit einem in der Wohnung freifliegenden Kakadu alleingelassen werden. Unter Umständen reagiert der Vogel eifersüchtig, wenn ein Baby ihm die ehemalige Sonderstellung in einer Familie streitig macht. Dann kommt es möglicherweise zu Angriffen, bei denen das Kind durch den Schnabel oder die spitzen Krallen des Vogels verletzt wird.

Als »Kratzhilfe« benutzt dieser Kakadu ein kurzes Ästchen. Daß Kakadus Hilfsmittel verwenden, um bestimmte Tätigkeiten besser ausführen zu können, ist ein Zeichen ihrer Intelligenz.

Ältere Kinder und Jugendliche dagegen können Schritt für Schritt mit den Gewohnheiten eines Kakadus vertraut gemacht werden. So lernen sie auch mit der Zeit den verantwortungsvollen Umgang mit einem Käfigvogel, der auf regelmäßige Pflege und Fütterung angewiesen ist und niemals vernachlässigt werden darf.

Ratschläge für den Vogelkauf

Wo Sie Kakadus kaufen können

Zoofachhandel: Für einen Anfänger in der Papageienhaltung ist es von Vorteil, seinen Kakadu im Zoofachgeschäft oder in der Zoofachabteilung größerer Kaufhäuser zu erwerben. Die dort angebotenen Tiere sind entsprechend den gesetzlichen Bestimmungen erworben worden und können somit legal gekauft werden. Viele Zoofachhändler bemühen sich heute, Tiere aus gut geführten Zuchtbeständen zu bekommen oder gegebenenfalls zu vermitteln.
Züchter: Schon seit einiger Zeit werden im Inland erbrütete Jungvögel von Weißhauben-, Gelbwangen-, Gelbhauben- und Rosakakadus angeboten. Diese Kakadus sind mit Klima und Futterverhältnissen bestens vertraut, somit kaum krankheitsanfällig und zudem meist käfig- oder gar handzahm. Diese Vögel dürfen nur unter Berücksichtigung der gesetzlichen Bestimmungen verkauft werden. Die Chance, solch ein Jungtier zu beschaffen, ist zur Zeit noch recht gering. Viele Züchter verlangen außerdem oft hohe Preise für ihre Nachzucht.
Zeitungsinserat: Private Kakaduhalter bieten manchmal in Fachzeitschriften (→ Seite 56) überzählige Tiere an.
Zoologischer Garten oder Vogelpark: Mancherorts empfiehlt sich eine Nachfrage, denn dort landen häufig »abgeschobene« Kakadus.
Allerdings ist viel Geduld und Liebe nötig, bis sich solch ein Vogel wieder an eine neue Bezugsperson gewöhnt oder aber zur Zucht eingesetzt werden kann.

Die Auswahl eines gesunden Kakadus

Den Gesundheitszustand eines Kakadus richtig zu beurteilen, ist für einen Laien nicht ganz einfach. Dennoch gibt es einige Anhaltspunkte, die Ihnen helfen, zu einem halbwegs sicheren Urteil zu kommen. Achten Sie auf Folgendes:
Unterkunft: Käfige und Volieren, die zentimeterdicke Kotschichten, eine verdreckte Innenausstattung aufweisen, und deren Nahrungsgefäße nur einseitiges Körnerfutter und verschmutztes Trinkwasser enthalten, zeugen von einer denkbar schlechten Vogelpflege. Das kann möglicherweise Auswirkungen auf den Gesundheitszustand des Kakadus haben.
Aussehen des Kakadus: Das Gefieder sollte glatt anliegen und vollständig sein. Vom Kauf eines Kakadus mit mattem Federkleid, das zudem aufgeplustert wirkt oder kahle Stellen aufweist, ist abzuraten.
Die Nasenlöcher müssen trocken und frei sein, ebenso die Nasenumgebung.
Die Augen sollten rund (nicht schlitzförmig), klar, glänzend und nicht verklebt sein.
Ganz allgemein macht ein kranker Kakadu einen apathischen, gestörten Eindruck. Er schläft viel, ruht – im Gegensatz zum gesunden (erwachsenen) Vogel – auf beiden Beinen (→ Seite 42) und nimmt wenig oder keine Nahrung zu sich.
Fehlende Krallen oder fehlende Zehenglieder sind zwar Schönheitsfehler, aber keine Krankheitszeichen. Diese Verletzungen entstehen häufig durch Beißereien mit anderen Vögeln. Manchmal werden solche Kakadus mit Preisnachlässen verkauft. Allerdings sollten zur Zucht vorgesehene Vögel einen vollständigen Krallensatz aufweisen.
Kot: Der Kot eines gesunden Vogels besteht aus einem olivgrünen und einem weißen Harnanteil,

Großer Gelbhaubenkakadu. ▷
Kolbenhirse ist ein beliebter Leckerbissen bei Papageien.

der mittelfest und geformt sein soll. Ungeformter, wäßriger, farblich veränderter oder gar blutiger Kot kann von schwerwiegenden Erkrankungen zeugen. Unter Umständen kommen aber auch psychosomatische Zusammenhänge als Ursache für Durchfall in Betracht.

Verhalten: Ob ein Kakadu Verhaltensstörungen aufweist, läßt sich während des kurzen Verkaufsgesprächs kaum erkennen oder beurteilen. Deshalb kann man keine allgemeingültigen Regeln aufstellen. Am auffälligsten sind Zwangsbewegungen (Bewegungsstereotypien), also ständig wiederkehrende Bewegungen. Auch neurotisches Schreien und Federrupfen (→ Krankheiten, Seite 33), das meist im Rücken- und Bauchbereich beginnt, gehören zu den Verhaltensauffälligkeiten, die stets Anlaß zum Überprüfen der Kaufabsicht geben sollten.

Hinweis: Neben dem Federrupfen gewinnt zunehmend eine Federerkrankung an Bedeutung (→ Krankheitszeichen, Seite 34). Bislang wurde sie zwar nur beim Gelbwangenkakadu festgestellt, kommt wahrscheinlich aber auch beim Rotsteißkakadu und anderen Arten vor. Erkrankte Vögel sterben nicht selten innerhalb weniger Monate. Vom Kauf eines solchen Vogels ist natürlich abzuraten.

Geschlechtsbestimmung

Bei der Mehrzahl der Kakadu-Arten kann das Geschlecht leicht bestimmt werden. Von den in diesem Buch besprochenen Arten zeigen die Weibchen von Gelbwangen-, Gelbhauben-, Weißhauben-, Goffin-, Rosa- und Rotsteißkakadu eine braune, kastanienbraune oder rotbraune Irisfärbung. Die Iris der männlichen Kakadus dieser Arten ist dagegen dunkelbraun bis schwarz. Dies trifft grundsätzlich auch auf den Molukkenkakadu zu, nur ist die Iris des Weibchens dunkelbraun und bei normalem Tageslicht nicht so leicht von der Irisfärbung des Männchens zu unterscheiden. Mit einer kleinen Stabtaschenlampe kann man den zu bestimmenden Vogel jedoch kurz anleuchten und wird dann zumeist das Geschlecht feststellen können. Beim Nacktaugenkakadu schließlich haben beide Geschlechter eine dunkle Iris. Bei dieser Art wird in der Literatur auf Unterschiede in der Körpergröße (Männchen größer) und auf eine weniger ausgedehnte unbefiederte Augenumgebung des Weibchens hingewiesen. Absolute Sicherheit bei dieser Art (manchmal auch beim Molukkenkakadu) bietet nur die endoskopische Geschlechtsbestimmung, die recht kostengünstig an vielen Instituten, Tierärztlichen Hochschulen und bei niedergelassenen Tierärzten durchgeführt werden kann.

◁ Goffin-Kakadu.
Aufmerksam beobachtet das Weibchen ihren Partner beim Gefiederputzen (links) und streckt ihm zum Putzen auffordernd den Kopf hin (rechts), der Partner reagiert jedoch nicht wie erwartet (unten).

Altersbestimmung

Kakadus gelten unter den Papageien als am langlebigsten. In der Literatur sind Einzelfälle beschrieben, wonach Große Gelbhaubenkakadus bei guter Pflege an die 100 Jahre alt wurden. In manchen Fällen, etwa bei Zuchtversuchen, ist es von Vorteil, das Alter des Vogels zu kennen. Abgesehen von gezüchteten Jungvögeln, deren Alter meist genau bekannt ist, läßt sich das Alter bei importierten Kakadus nicht ohne weiteres bestimmen. Es gibt aber einige Merkmale, an denen Jung- und Altvögel auseinanderzuhalten sind:

Das Gefieder der Altvögel trägt alle typischen Merkmale (→ Artbeschreibungen, Seite 45). Bei Jungvögeln dagegen ist beispielsweise der gelbe Wangenfleck oder die gelbe Haubenfärbung (bei Gelbwangen- und Gelbhaubenkakadus) blasser. Junge Rosakakadus haben ein insgesamt matter gefärbtes Gefieder. Junge Gelbhaubenkakadus und Weißhaubenkakadus weisen oftmals schwache Grauschattierungen im Gefieder auf. Bei jungen Rotsteißkakadus ist das Steißgefieder lachsfarben und färbt sich erst mit der Zeit rot.

Die Irisfärbung ist einem farblichen Wandel im Laufe mehrerer Monate und Jahre unterworfen. Bei erwachsenen weiblichen Kakadus ist die Iris meist intensiv rot oder braunrot gefärbt, bei Jungvögeln unter zwei Jahren ist sie in der Regel dunkelbraun oder graubraun.
Der Schnabel junger Vögel ist glänzend, glatt und ohne sichtbare Auflagerungen, die bei älteren Papapageien durch Hornwachstumsschübe entstehen.
Die Füße junger Kakadus weisen eine wenig ausgeprägte Schuppenstruktur auf.
Jungvögel ruhen in den ersten Lebenswochen nach dem Ausfliegen auf beiden Füßen und nehmen erst später die typische »einbeinige« Schlaf- und Ruhestellung ein.

Formalitäten beim Kauf

Beim Kauf eines Kakadus sind verschiedene rechtliche Grundlagen zu beachten. Oberste Richtschnur ist das Washingtoner Artenschutzübereinkommen (abgekürzt WA), das in umfangreichen Listen alle bedrohten, gefährdeten oder vom Aussterben bedrohten Tier- und Pflanzenarten aufführt. Das Übereinkommen ist in drei Schutzkategorien (Anhänge I bis III) unterteilt. Alle Kakadu-Arten (mit Ausnahme des Molukkenkakadus und des Palmkakadus, die sogar in Anhang I aufgelistet sind und damit zu den vom Aussterben bedrohten Tierarten gehören) sind im Anhang II des WA aufgeführt und gehören damit zu den besonders geschützten, aber handelserlaubten Tierarten. Für den Handel mit den im Anhang II aufgeführten Tieren gelten eine Reihe von gesetzlichen Vorschriften. Die im Zoofachhandel angebotenen Kakadus erfüllen diese gesetzlichen Bestimmungen und können damit legal erworben werden. Der Käufer eines Tieres muß nachfolgend aufgeführte Bescheinigungen erhalten:
CITES-Bescheinigung: Dieses Zertifikat, das man als den »Personalausweis« des Vogels bezeichnen könnte, bestätigt dem Erwerber, daß das Tier ordnungsgemäß, unter Einhaltung der Bestimmungen des WA, eingeführt wurde oder aber unter Einhaltung unserer bundesdeutschen Gesetze gezüchtet worden ist.
Fußring: Achten Sie beim Kauf insbesondere darauf, daß der Vogel einen amtlichen Fußring trägt und daß die Nummer dieses Ringes mit der eingetragenen Nummer auf der CITES-Bescheinigung identisch ist.
Kaufvertrag: In jedem gut geführten Zoofachgeschäft ist es heute selbstverständlich, daß dem Käufer eine detaillierte Kaufbescheinigung ausgestellt wird. Die dem Zentralverband Zoologischer Fachbetriebe (ZZF) angeschlossenen Zoofachgeschäfte halten hierfür einen »Heimtier-Paß« bereit. Aus diesem Vertrag sollte hervorgehen: Datum des Kaufs, Vogelart beziehungsweise Unterart, Fußringnummer, CITES-Bescheinigungs-Nummer, Kaufpreis, Anschriften des Verkäufers und Käufers. Auch das Geschlecht des Vogels sollte vermerkt sein, wenn der Verkäufer eine Geschlechtsbestimmung hat vornehmen lassen und es dem Käufer hierauf entscheidend ankommt. Auch bei Tausch, Leihgabe, Zuchtgemeinschaften oder Schenkung sind möglichst konkrete schriftliche Vereinbarungen, wie beim Kaufvertrag, zu treffen.

Nachweis- und Anzeigepflicht

Als Besitzer eines artengeschützten Kakadus müssen Sie den rechtmäßigen Besitz nachweisen. Die sogenannte CITES-Bescheinigung erfüllt diese Voraussetzungen. Ohne dieses amtliche Dokument und ohne den amtlichen Fußring sollten Sie keinen Kakadu an- oder verkaufen.
Außerdem hat der Besitzer eines Kakadus unverzüglich der zuständigen Naturschutzbehörde (in der Regel das Landratsamt oder das Regierungspräsidium) den Besitz eines Tieres anzuzeigen. Folgende Angaben sind hierbei erforderlich: Art, Alter, Geschlecht, Herkunft, Verbleib, Standort, Verwendungszweck, Kennzeichen (Fußringnummer) und Registrierungsnummer der CITES-Bescheinigung.

Unterbringung und Ausstattung

Die Haltung in der Wohnung

Der Zimmerkäfig

Vor allem kleinere Kakadu-Arten (→ Artenbeschreibungen, Seite 45) können – als Einzelvogel – in einem großen, stabilen, handelsüblichen Papageienkäfig gehalten werden.

Käfiggröße: Der Käfig muß für einen einzelnen Vogel oder für die vorübergehende Beherbergung eines Paares eine Grundfläche von mindestens 70 × 70 cm und eine Höhe von 100 cm aufweisen. Im Zoofachhandel und in den Zoofachabteilungen großer Kaufhäuser werden meist kakadugerechte Modelle angeboten.

Käfigform: Ein Papageienkäfig sollte quaderförmig mit rechteckiger Grundfläche sein; runde Käfige sind ungeeignet.

Käfiggitter: Die Gitterstäbe müssen waagerecht verlaufen, damit der Kakadu klettern kann. Sie sollten so dick sein, daß der Kakadu sie nicht mit seinem starken Schnabel verbiegen kann.

Bodenwanne: Handelsübliche Papageienkäfige haben eine Schmutzfangschale, die wie eine Schublade herausziehbar ist. Für kleinere Kakadu-Arten eignen sich Bodenwannen aus Plastik. Große Arten (→ Artenbeschreibungen, Seite 45) würden Plastikschmutzfangschalen schnell zernagen, deshalb sollten sie für solche Kakadus besser aus verzinktem Stahlblech sein.

Käfigtür: Die Käfigtür sollte so groß sein, daß der Papagei problemlos heraus- und hereinklettern kann. Manche Kakadus haben sehr schnell heraus, wie sich die Käfigtür mit dem Schnabel öffnen läßt. Daher ist es ratsam, die Tür mit einem Karabinerhaken abzusichern.

Die Zimmervoliere

Für die dauerhafte Käfighaltung eines Kakadupaares und auch für die ständige Unterbringung eines Einzelvogels der größeren Kakadu-Arten (→ Artenbeschreibungen, Seite 45) ist die Anschaffung einer Zimmervoliere unerläßlich. Am besten geeignet sind sogenannte Systemvolieren, die aus Einzelbauteilen bestehen.

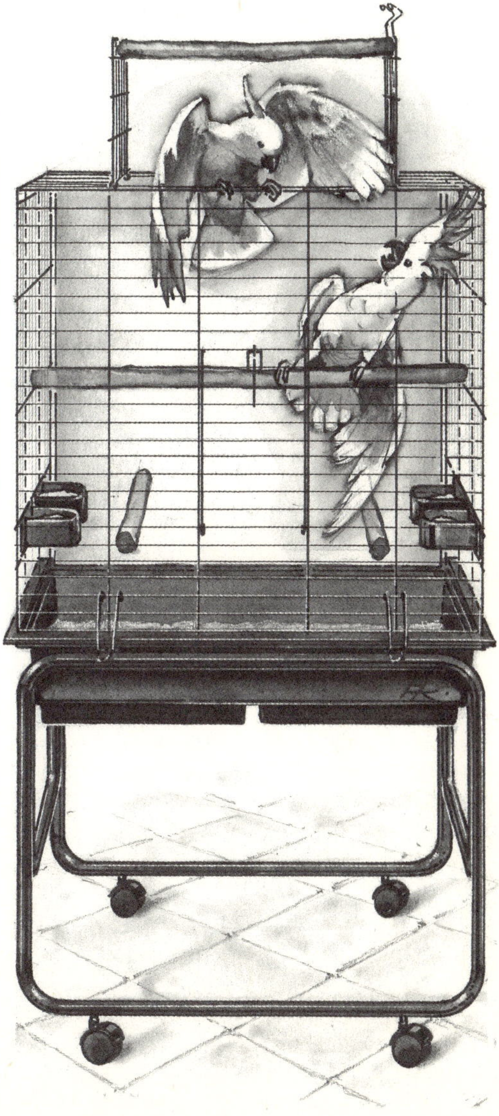

Papageienkäfig mit Freisitz (Modell Wagner & Keller): In solch einem Käfig können zwei Kakadus der kleineren Arten untergebracht werden, wenn ihnen täglich Freiflug in der Wohnung gewährt wird.

Unterbringung und Ausstattung

Die Grundfläche einer Voliere sollte wenigstens 100 × 100 cm betragen, ihre Höhe etwa 200 cm. Aus vier Volierenbauteilen der Maße 100 × 200 cm und einem Dachteil von 100 × 100 cm läßt sich eine ausreichend große Zimmervoliere gestalten. Solche Volieren können bei Bedarf erweitert oder durch Einschubwände geteilt werden. Derartige Anlagen eignen sich auch für Zuchtversuche mit den kleineren Kakadu-Arten.
Maschenweite, Drahtstärke, Rückwände und Ausstattung der Voliere sind in verschiedenen Ausführungen erhältlich. Lassen Sie sich in einem Zoofachgeschäft oder in den Zoofachabteilungen großer Kaufhäuser die Herstellerkataloge zeigen und beraten, welche Voliere für Ihre Zwecke infrage kommt.

Die Vogelstube

Nahezu ideal für die Kakaduhaltung ist die Einrichtung einer Vogelstube. Dafür eignet sich ein leerstehender Raum mit Fenster, in dem sich die Kakadus ohne Gitterbegrenzungen frei bewegen können.
Solch ein Zimmer bedarf allerdings einer sorgfältigen Vorbehandlung, um es für die Haltung von Kakadus nutzbar zu machen:

- Sämtliche Tapeten, Wand- und Deckenverkleidungen müssen entfernt werden.
- Wände und Decken anschließend mit einem ungiftigen Kalk- oder Latexanstrich (in Umweltläden erhältlich) versehen oder mit Kacheln fliesen.
- Türen, Heizkörper, offenliegende Stromkabel, Steckdosen, Lichtschalter und Lampen sollten mit Blech beziehungsweise Maschendraht verkleidet werden.
- Es ist sinnvoll, den Boden zu versiegeln, damit keine Feuchtigkeit in tiefer liegende Räume dringen kann.
- Holzfußböden oder Teppichböden sollten Sie durch Keramikfliesen ersetzen.
- Die Einrichtung besteht je nach Anzahl der Vögel aus: Kletterbäumen (→ Seite 16), Badeschalen, einem Futterbrett mit einschiebbaren Näpfen und Nistkästen (→ Seite 36).

Gegenüber einer Freivoliere (→ Seite 17) hat die Papageienhaltung in einer Vogelstube gewisse Vorteile:

- Die Kakadus leben unter gleichbleibenden Klimaverhältnissen.
- Die lautstarke Stimme der Kakadus dringt nicht so stark nach außen.
- Die Diebstahlgefahr vermindert sich.

Nachteilig ist allerdings:

- Die Papageien bekommen nur Tageslicht in begrenztem Umfang.
- Es ist keine direkte Sonneneinstrahlung möglich.
- Das Gefieder der Kakadus wird niemals durch einen natürlichen Regenschauer vom Gefiederstaub gereinigt.

Einrichtung von Käfig und Voliere

Sitzstangen: Geeignet sind runde Sitzstangen mit einem Durchmesser von 25 bis 30 mm für kleinere Kakadus (→ Artenbeschreibungen, Seite 45); für größere Arten sollte der Durchmesser 35 bis 45 mm betragen. Gut ist es, wenn die Sitzstangen unterschiedlich dick sind, damit die Füße der Vögel nicht erlahmen. Als sehr empfehlenswert haben sich Äste von ungespritzten Obstbäumen (vorsichtshalber mit heißem Wasser abbürsten) erwiesen. Durch ihre rauhe Oberfläche können sich – neben der »Fußgymnastik« – auch die Krallen der Kakadus auf natürliche Weise abnutzen. Die Sitzstangen müssen so im Käfig angebracht werden, daß die Wasser- und Futterschalen nicht vom herabfallenden Kot der Vögel verschmutzt werden können.
Je nach Größe der Voliere oder Vogelstube sollte man den Kakadus die Gelegenheit zum ansatzweisen Gebrauch ihrer Flügel geben. Bringen Sie dafür im oberen Bereich zwei Sitzstangen möglichst weit auseinander an und versperren Sie die »Flugbahn« nicht durch Kletter- und Knabbergegenstände (→ »Spiel«- und Beschäftigungsgegenstände, Seite 15).
Futter- und Trinknäpfe: Beim Kauf eines Papageienkäfigs sind meist genormte Futter- und Trinknäpfe aus Plastik im Preis eingeschlossen.

Plastikgefäße werden aber innerhalb kurzer Zeit von den Kakadus zernagt und müssen dann ausgetauscht werden. Besser sind Futter- und Trinkbehälter (es sollten insgesamt vier sein → Seite 29) aus Steingut oder rostfreiem Metall, die mit speziellen Halterungen (alles im Zoofachhandel erhältlich) im Käfig, in der Voliere oder in der Vogelstube befestigt werden.

Beschäftigungsgegenstände wie großgliedrige Ketten, Klettertaue oder frische Äste zum Benagen sind für den Kakadu wichtige Abwechslungen im Käfigleben.

Badeschale: Um ihren Gefiederstaub loszuwerden, benutzen Kakadus gerne eine Badeschale. Gut geeignet sind flache Blumentopfuntersetzer aus Ton mit einem Durchmesser von 30 bis 35 cm. Die Badeschale wird auf den Käfigboden gestellt oder in Volieren mit Spezialhalterungen (im Zoofachhandel erhältlich) etwa einen Meter über dem Boden befestigt.
»Spiel«- und Beschäftigungsgegenstände: Großgliedrige Ketten, Klettertaue, frische Äste zum Benagen und Papageienspielzeug aus Holz (Zoofachhandel) verschaffen dem Einzelvogel und auch den Volierenvögeln Beschäftigungsmöglichkeiten und Abwechslung vom Käfigdasein und dienen außerdem noch der Schnabel- und Krallenpflege.

Achtung: Keine Zweige giftiger Bäume und Sträucher zum Benagen geben! Giftig sind zum Beispiel: Akazie, Eibe, Goldregen, Schneeball, Schwarze Heckenkirsche, Stechpalme, Zwergholunder und manche Nadelhölzer (→ Bücher, die weiterhelfen, Seite 56).
Kalkstein: Das Anbringen eines Kalksteins im Käfig ist bei der Kakaduhaltung nicht sinnvoll. Er wird von den Kakadus in wenigen Minuten völlig zernagt und zu Boden geworfen. Die Überreste finden dann keine weitere Beachtung. Mineralstoffe müssen deshalb in Pulverform dem Futter zugesetzt werden (→ Ernährung, Seite 29).
Käfig- und Voliereneinstreu: Der Käfig- beziehungsweise Volierenboden wird mit einer Sandeinstreu (→ Ernährung, Seite 29) versehen. Verwenden Sie dafür entweder sauberen Flußsand oder den speziellen Vogelsand aus dem Zoofachhandel. Vogelsand enthält einen Aniszusatz, der die Vogelhaltung geruchsarm macht.
Nistkasten: Wer mit seinen Papageien züchten möchte, sollte Vorrichtungen zum Anbringen und Kontrollieren eines Nistkastens (→ Zucht, Seite 36) in Voliere und Vogelstube vorsehen.
Standort von Käfig- und Zimmervoliere: Wählen Sie eine ruhige Ecke im Wohnzimmer aus, die hell, luftig, zugfrei und gelegentlich sonnig ist. Hier sollte der Käfig oder die Zimmervoliere ihren festen Platz haben. Der Käfig eines Einzelvogels muß in einem häufig benutzten Zimmer stehen, damit der Kakadu am Familienleben teilnehmen kann und sich nicht langweilt. Stellen Sie den Käfig niemals direkt auf den Boden. Das verunsichert den Kakadu. Besser ist ein etwas erhöhter Standort (etwa Augenhöhe), von dem aus der Kakadu seine Umgebung überblicken kann.

Freiflug in der Wohnung

Der Freiflug in der Wohnung ist für den Kakadu überaus wichtig. Sie verschaffen damit dem Vogel die nötige Abwechslung vom tristen Käfigdasein und bieten ihm ausreichende Bewegungsmöglichkeiten. Nach dem Eingewöhnen (→ Seite 18) öffnen Sie dem Kakadu die Käfigtüre und gewöhnen ihn stundenweise an den Aufenthalt außerhalb des

Käfigs. Lassen Sie jedoch den Vogel niemals unbeaufsichtigt in der Wohnung umherfliegen. Zum einen kann sich das Tier verletzen (→ Gefahrenkatalog, Seite 23), zum anderen richtet es unter Umständen mit seinem Schnabel große Schäden an der Wohnungseinrichtung an.
Achtung: Entfernen Sie alle Zimmerpflanzen, damit der Kakadu sie nicht anknabbert oder frißt. Es kann sonst zu tödlichen Vergiftungen kommen! (→ Bücher, die weiterhelfen, Seite 56).

Freisitz und Kletterbaum in der Wohnung

Handzahme Kakadus können tagsüber stundenweise unter Aufsicht auf einem Freisitz oder Kletterbaum gehalten werden. Für den Kakadu ist das eine angenehme Abwechslung und der Kakaduhalter kann sich an den Kletterkünsten seines Vogels erfreuen. Die übrige Zeit sollte der Papagei in seinem Käfig zubringen, wo er auch gefüttert wird. Mit der Zeit entsteht auf diese Weise ein regelmäßiger Tagesrhythmus für den Vogel. Bei Hunger und mit Anbruch der Dunkelheit kehrt er schließlich freiwillig in seine Behausung zurück. Kakadus, die so stark beschnittene Schwungfedern haben (→ Seite 21), daß sie nicht in den Käfig zurückfliegen können, brauchen eine Kletterhilfe, zum Beispiel einen gut befestigten langen Ast vom Kletterbaum zum Käfig.
Freisitz: Die einfachste Form, einen Freisitz zu schaffen, ist, eine Sitzstange mit Hilfe eines Flacheisens am Käfigdach zu befestigen. Sie sollte etwa 15 cm über dem Dach angebracht werden und seitlich nicht über die Käfigabmessung hinausragen, damit Ausscheidungen des Vogels in den Käfig und nicht auf den Wohnungsboden fallen. Die Bewegungsmöglichkeiten auf einem solchen Freisitz sind für den Kakadu allerdings sehr begrenzt.
Kletterbaum: Für den Kletterbaum brauchen Sie einen mit Sand gefüllten Blumenbottich oder einen Mörtelkübel (Durchmesser etwa 100 cm; Höhe etwa 50 cm) und ein gut verzweigtes Aststück. Damit der Ast in dem Behälter stehen bleibt, sollte der Sand vor dem Einfüllen etwas angefeuchtet und danach gut festgestampft werden. Zweckmäßige Kletterbäume erhalten Sie natürlich auch im Zoofachhandel. Je mehr Klettermöglichkeiten der »Baum« bietet, um so besser für den Kakadu.
Achtung: Plötzlich abbrechende oder ungenügend befestigte Sitzäste können beim Herunterfallen Vögel gefährden oder gar erschlagen.

Die Haltung im Garten

Ein Vogelhaus mit daran anschließender Gartenvoliere bietet den Kakadus die größtmögliche Lebensqualität in der Obhut der Menschen.
Die Papageien haben Licht, Luft, Sonne, Regen, Scharr-, Flug- oder Klettermöglichkeiten. Vor allem für Zuchtversuche und für die Haltung von

Dieser Kletterbaum besteht aus einem gut verzweigten Naturast, der mit Hilfe von Sand in einem Mörtelkübel befestigt ist.

mehreren Kakadus ist diese Form der Unterbringung neben der Vogelstube besonders zu empfehlen. Genaue Anleitungen für den Bau einer solchen Anlage finden Sie in der Fachliteratur (→ Seite 56).

Tips für den Bau eines Vogelhauses
In Ihrer Planung müssen Sie einige grundsätzliche Dinge berücksichtigen:
- Erkundigen Sie sich beim Bauordnungsamt, ob eine Baugenehmigung nötig ist.
- Verwenden Sie für den Bau nur stabile Materialien, die den starken Schnäbeln der Kakadus Stand halten.
- Das Vogelhaus sollte gemauert sein und auf einem soliden Betonfundament stehen. Eine gute Isolation spart Heizkosten.
- Als Fenster empfehlen wir einfache, lichtdurchlässige Glasbausteine.
- Den Durchflug von Vogelhaus zur Freivoliere schafft ein mit Glasbausteinen versehenes Alu-Schwingfenster (Größe etwa 50 × 25 cm).
- Für den Bodenbelag und die Wände sind Keramikfliesen besonders zweckmäßig, weil sie leicht zu reinigen sind.
- Heizung, Licht (Leuchtstoffröhren) und fließendes Wasser gehören unbedingt zur Ausstattung des Vogelhauses.
- Die Größe des Innenraumes: Eine Grundfläche von 2 × 1 m und 2 m Höhe ist für ein Kakadupaar ausreichend.
- Die Einrichtung des Innenraumes besteht aus: Futterbrett mit einschiebbaren Näpfen, wenigen Sitzstangen und einem Nistkasten.

Hinweis: Neben den baurechtlichen Vorschriften soll künftig die geplante Volierenanlage auch auf ihre Zweckmäßigkeit für eine artgerechte Vogelhaltung geprüft werden. Wie dies im Einzelfall geschieht und welche Amtsstelle dafür zuständig sein wird, ist bislang noch unklar.

Die Freivoliere
Die Freivoliere sollte direkt an das Vogelhaus angebaut werden, damit die Kakadus bei sehr schlechtem Wetter ungehindert den Schutzraum aufsuchen können. Beim Bau der Voliere muß folgendes berücksichtigt werden:
- Die Größe der Voliere für Paare der kleineren Arten (→ Artenbeschreibungen, Seite 48) ist mit 2 bis 3 m Länge und 2 m Höhe ausreichend. Für größere Arten empfiehlt sich eine längere Voliere.
- Als Fundament muß ein Sockel gemauert oder gegossen werden (Baurecht beachten!).
- Volieren-Fertigbauteile (→ Zimmervoliere, Seite 13) werden direkt auf den Sockel montiert.
- Kakaduhalter mit handwerklichem Geschick können die Volierenrahmen aus verzinktem Stahlrohr selbst herstellen (verschrauben oder verschweißen).
- Als Drahtbespannung verwendet man am besten verzinktes Vierecksgeflecht (für kleinere Kakadus: Maschenweite 19 × 19 mm; Drahtstärke 1,05 bis 1,50 mm; für größere Kakadus: Maschenweite 50 × 50 mm; Drahtstärke 4 mm).
- Ratten, Mäuse und andere Kleinsäuger übertragen Krankheiten oder töten sogar Kakadus, wenn sie in die Voliere gelangen. Sichern Sie deshalb ein großmaschiges Drahtgeflecht von außen mit einem engmaschigen Draht ab.
- Ein Drittel der Voliere sollte überdacht werden, um den Kakadus Schutz vor zuviel Regen und Sonneneinstrahlung zu bieten.
- Für den Volierenboden eignen sich Gehwegplatten besonders gut. Manche Kakadus kratzen und scharren gerne am Boden. Für sie kann man eine dicke Erd- oder Sandschicht auftragen.
- Zugang zur Voliere schafft eine schmale Außentür, die durch eine Schleuse gesichert ist, um ein Entfliegen der Kakadus zu verhindern.
- Die Einrichtung der Voliere besteht aus: Kletterbäumen, Badeschalen und mehreren Sitzstangen (→ Seite 14).

Haltung und Pflege

Der Heimtransport

Nach dem Kauf wird der Kakadu auf dem schnellsten Weg nach Hause gebracht. Vor allem während längerer (Auto)Fahrten ist für die Unterbringung des Kakadus ein spezieller Tiertransportbehälter sinnvoll, der mit einem Futternapf und einer Sitzstange ausgestattet sein sollte. Es ist ausreichend, wenn der Behälter gerade so groß ist, daß der Kakadu sich darin gut herumdrehen und aufrecht sitzen kann.
Der Transport in einem Papageienkäfig ist nur bei zahmen Vögeln und kurzen Autofahrten ratsam. Ungezähmte Kakadus würden in einem solchen Käfig wild umherflattern und sich verletzen.

Die Eingewöhnung

Bei seiner Ankunft im neuen Heim sollte für den Kakadu bereits ein fertig eingerichteter Käfig – getrennt von anderen Papageien und Haustieren – bereitstehen. Der Papagei wird nur zaghaft den Transportbehälter verlassen und vorsichtig seinen Käfig beäugen, bevor er hineingeht. Bis der Kakadu sich an seine neue Umgebung gewöhnt hat, vergehen zwischen vier und sechs Wochen. In dieser Zeit sollen Sie:

- Dem Kakadu viel Zeit und Ruhe lassen, seine neue Umgebung kennenzulernen.
- Besucher und bereits vorhandene Heimtiere von ihm fernhalten.
- Ihre Pflegearbeiten nur auf das Füttern und Tränken beschränken und nur die notwendigsten Reinigungsarbeiten durchführen.
- Ihn nicht aus dem Käfig herauslassen.
- Die Umgebungstemperatur anfangs konstant auf etwa 22 °C halten.

Während der Eingewöhnungszeit können Sie:

- Den Kakadu vorsichtig an abwechslungsreiches, ausgewogenes Futter (→ Ernährung, Seite 25) gewöhnen.
- Eine Kotprobe entnehmen (auf Plastikfolie absetzen lassen) und einem Tierarzt zur Untersuchung bringen.
- Die Haltungstemperatur Schritt für Schritt vermindern, wenn der Kakadu für die Volierenhaltung vorgesehen ist.
- Die ersten Zähmungsversuche (→ Seite 19) unternehmen.

Bevor Sie den Kakadu mit anderen Papageien zusammenbringen und ihn in die Voliere oder Vogelstube umsetzen, muß:

- Der Kakadu an die Nahrung gewöhnt sein.
- Der Vogel sich an die niedrigere Haltungstemperatur gewöhnt haben.
- Sein Kot frei von Krankheitserregern sein (zwei Kotproben im Abstand von 14 Tagen vom Tierarzt untersuchen lassen).
- Der Allgemeinzustand des Papageis in Ordnung sein. Er sollte sich lebhaft verhalten und darf keine Abnormitäten (→ Kauf, Seite 8) zeigen.

Streckbewegungen, wie hier das kurze Heben und Spreizen der Flügel über dem Rücken, können häufig nach Ruhepausen beobachtet werden.

Das Einsetzen in die Voliere

Ein Kakadu, der für die Volierenhaltung vorgesehen ist, wird immer zuerst in das Schutzhaus gebracht. Wenn möglich, bringen Sie den Papagei

anfangs in einem separaten Abteil innerhalb des Schutzhauses unter, damit er sich mit den neuen Gegebenheiten vertraut machen kann. Besonders bei einem frisch importierten Kakadu muß äußerst vorsichtig versucht werden, den Vogel in die bestehende Volierengemeinschaft zu integrieren.
Die Temperatur im Schutzhaus sollte nicht wesentlich von der Haltungstemperatur in den letzten Eingewöhnungswochen (→ Seite 18) abweichen. Erst, wenn ein Kakadu sich mit den Ausmaßen des Schutzhauses vertraut gemacht hat, wenn er die Sitzstangen ohne große Schwierigkeiten findet und regelmäßig die Futternäpfe aufsucht, wird die Verbindungsklappe zur Außenvoliere geöffnet.
Manche Vögel muß man mehrmals in die Freivoliere und wieder zurück ins Schutzhaus bringen, bevor sie den Weg selbständig finden.
Hinweis: Für frisch importierte Kakadus sollte die Volierenhaltung im Frühsommer beginnen und kann bis in den Spätherbst hinein beibehalten werden. Den Winter verbringen solche Papageien im Schutzhaus bei Temperaturen von 8 bis 10 °C.

Der Umgang mit einem Einzelvogel

Der intensive Kontakt zu seinem Pfleger ist für einen Einzelvogel außerordentlich wichtig, denn der Kakadu hat ein ausgeprägtes Bedürfnis nach Sozialkontakt, also nach einem Partner. Mit Eintritt der Geschlechtsreife verstärkt sich dieses Bedürfnis noch. Dann kann das Fehlen des Geschlechtspartners dazu führen, daß der seelische Zustand des Kakadus ins Wanken gerät. Manche solcher Vögel werden dadurch zu Schreiern, Federrupfern oder Zwangsneurotikern. Spätestens jetzt sollten Sie an die Anschaffung eines zweiten Kakadus denken (→ Seite 20).

Erster Zähmungsschritt
Als käfigzahm bezeichnet man einen Kakadu, der die Annäherung an seinen Käfig duldet, ohne erschreckt von der Sitzstange zu springen und sich in einer Käfigecke zu verkriechen. Obwohl sich ein Einzelvogel dem Pfleger später als Ersatz für den fehlenden Sozialpartner eng anschließt, widersetzt er sich anfangs dem menschlichen Einfluß aufs Schärfste. Der Kakadu schreit, weicht zurück und beißt, wenn sich ihm die Hand des Pflegers nähert. Nur mit viel Geduld, beruhigenden Worten und besonnenen Bewegungen gelingt es schließlich, dem Papagei die panische Angst zu nehmen.

Balzverhalten. Mit gefächertem Schwanz, gesträubtem Gefieder, abgestellten Flügeln und aufgerichteter Federhaube macht das Kakadu-Männchen auf sich aufmerksam.

Zweiter Zähmungsschritt
Handzahm ist ein Kakadu, der die Scheu vor der Hand völlig verloren hat, freiwillig auf die Hand klettert und sich in der Wohnung herumtragen läßt. Das zu erreichen, erfordert etwas Geduld. Bieten Sie dem Kakadu immer wieder, mit ruhigen Bewegungen, Leckerbissen wie Erdnüsse oder Apfelstücke von außen durch das Käfiggitter auf der Hand an. Eines Tages wird der Papagei vorsichtig auf ihre Hand zulaufen und sich den Futterbrocken holen. Als nächsten Schritt öffnen Sie die Käfigtür und halten einen Futterbrocken in den Käfig hinein. Hat der Kakadu gespürt, daß von

Ihrer Hand keine Gefahr für ihn droht, ist es nur noch ein kleiner Schritt, bis er sich kraulen läßt und auf die Hand klettert.

Synchrones Strecken. Fest verpaarte Kakadus führen oft zum gleichen Zeitpunkt die gleichen Bewegungen aus. So strecken sie – wie diese Rosakakadus – gleichzeitig den gleichen Flügel und fächern dabei den Schwanz.

Nachahmungsbegabung

Das »Sprechen« oder vielmehr die Nachahmung menschlicher Worte ist für Papageien eine Form der Kontaktaufnahme zu ihrem Pfleger. Alle Großpapageien verfügen über die Fähigkeit, Wörter oder die verschiedensten Geräusche nachzuahmen, die einen mehr, die anderen weniger. Kakadus bringen es im allgemeinen darin nicht zu einer besonderen Meisterschaft, aber durch geduldiges Vorsprechen wird es früher oder später gelingen, jedem Kakadu das eine oder andere Wort oder kleine Sätze beizubringen. Selbstlaute (a, e, i, o, u) können in der Regel besser nachgeahmt werden als Mit- oder Zischlaute.

Wenn Sie zwei Kakadus in der Wohnung halten

Zweifellos ist die paarweise Haltung von Kakadus besser als die Einzelhaltung. Meistens besitzt man bereits einen Vogel, ehe man sich zur Anschaffung eines zweiten Kakadus entschließt. Allerdings ist es nicht ganz einfach, zwei sich fremde Papageien zusammenzubringen. Wählen Sie nicht irgendeinen Kakadu oder völlig artfremden Papagei aus, sondern einen gegengeschlechtlichen Vogel (→ Geschlechtsbestimmung, Seite 11) der gleichen Kakadu-Art beziehungsweise -unterart. So läßt sich in vielen Fällen auf Dauer ein harmonierendes Paar zusammenstellen, das unter Umständen vielleicht sogar brütet.

Zusammengewöhnen: Führen Sie niemals zwei sich fremde Vögel direkt zusammen. Zuerst sollten sich die Kakadus für einige Tage oder Wochen – durch ein Gitter getrennt – beäugen und kennenlernen. Erst danach bringt man beide Papageien auf »neutralem Boden«, also nicht im Käfig des »Hausherren«, zusammen und beobachtet ihr Verhalten. Die Stimmungen der Kakadus lassen sich sehr schön am Schwanzfächern oder dem Aufrichten der Federhauben ablesen (→ Das Verhalten der Kakadus, Seite 42). Verläuft der Kontakt weitgehend störungsfrei, dürfen sie im gemeinsamen Käfig bleiben; andernfalls werden sie wieder getrennt und die Versuche wiederholt, bis sich die beiden Vögel verstehen.

Hinweis: Ein Einzelvogel büßt bei der paarweisen Haltung ein wenig seiner ursprünglichen Zahmheit ein, weil er sich nun mehr dem Artgenossen zuwendet als dem Pfleger. Der neu erworbene Kakadu dagegen verliert schnell seine Scheu und ahmt den vorgezähmten Partner im Umgang mit dem Menschen nach. Er wird bereits nach kurzer Zeit käfigzahm, in günstigen Fällen sogar handzahm. Harmonierende Kakadupaare können durchaus häufig alleine gelassen werden, denn sie beschäftigen sich viel miteinander.

Pflegemaßnahmen für Wohnungsvögel

Duschbad: Hat der Kakadu in seinem Käfig keine Badeschale zur Verfügung, muß er mehrmals wöchentlich geduscht werden, damit er seinen Gefiederstaub loswerden kann. Kleinere Käfige werden – ohne Schmutzfangschale – mitsamt Vogel in die Badewanne gestellt und mit leicht angewärmtem Wasser und sanftem Strahl abgeduscht. Neu erworbene Kakadus sollten langsam an das Duschbad gewöhnt werden. Lassen Sie dafür den Käfig an der gewohnten Stelle stehen und besprühen Sie den Kakadu vorsichtig durch das Käfiggitter mit einem Wasserzerstäuber (Blumenspritze, die niemals mit Pflanzenschutzmitteln in Berührung kam). Mit der Zeit wird der Kakadu mit diesem Vorgang so vertraut, daß er schon beim Anblick des Zerstäubers – in freudiger Erwartung - glucksende Laute hören läßt und die Flügel abspreizt. Legen Sie das Duschen in die Vormittagsstunden, damit das Gefieder am Abend wieder trocken ist.
Krallen schneiden: Kakadus, die vorwiegend im Käfig gehalten werden, können trotz Sitzstangen mit rauher Oberfläche (→ Seite 14) zu lange Krallen bekommen. Der Vogel wird beim Greifen behindert und die Krallen müssen geschnitten werden. Nehmen Sie dazu den Papagei in die Hand, wobei Sie seine Zehen zwischen zwei Fingern fixieren müssen, und beschneiden Sie die Krallen mit einer scharfen Nagelzange. Für den Krallenschnitt bei einem nicht zahmen Vogel brauchen Sie einen Helfer. Der Kakadu wird eingefangen (notfalls mit Kescher und dicken Lederhandschuhen) und festgehalten, während eine zweite Person die Krallen kürzt. Anschließend sollten Sie die Schnittstellen mit einer Nagelfeile glatt feilen.
In die Krallen ragen bis zu einem bestimmten Teil Blutkanäle hinein, die beim Schneiden nicht verletzt werden dürfen. Bei den dunklen Krallen der Kakadus lassen sich die Blutkanäle nur schwer erkennen. Aus diesem Grund läßt man sich am besten beim ersten Mal einen fachmännischen Krallenschnitt von einem Tierarzt oder Zoofachhändler zeigen!

Schnabel kürzen: Zu übermäßigem Schnabelhornwachstum kann es kommen, wenn der Kakadu nicht genügend Nagematerial (→ Seite 15) zur Verfügung hat. Aber auch eine Stoffwechselstörung infolge einseitiger Ernährung kann zu einer Deformation im Schnabelbereich führen. Dadurch wird der Kakadu vor allem bei der Nahrungsaufnahme behindert. Eine Schnabelkorrektur sollten Sie nur von einem Tierarzt vornehmen lassen.
Flügel stutzen: Eine Beschneidung der Schwungfedern kann bei einem Vogel sinnvoll sein, der immer wieder seinen Kletterbaum verläßt, nach einigen Rundflügen in der Gardine oder im Blumenkasten landet und sich dabei Verletzungen zuzieht. Bedenken Sie aber, daß die eingekürzten Federn erst nach einem Jahr wieder nachgewachsen sind und der Kakadu erst dann wieder flugfähig ist.

Das Klettervermögen ist bei den meisten Kakadu-Arten beachtenswert. Einen kleinen Eindruck seiner Kletterkunst vermittelt dieser Goffin-Kakadu, der sich kopfunter an dem Ast »entlanghangelt«.

Reinigung von Käfig und Voliere

Täglich: Futter- und Wassernäpfe mit heißem Wasser ausspülen, abtrocknen und neu füllen. Schmutz in der Käfigumgebung mit Staubsauger entfernen; Staubwischen, weil Kakadus Gefiederstaub absondern.
Wöchentlich: Bodenschale zweimal wöchentlich ausleeren und mit einer neuen Sandeinstreu (→ Seite 15) versehen.
Monatlich: Käfig, Schmutzfangschale und alle im Käfig befindlichen Gegenstände gründlich unter heißem Wasser abbürsten und anschließend abtrocknen. Sollten Sie ein Desinfektionsmittel verwenden, muß es ausdrücklich für den Gebrauch in der Ziervogelhaltung ausgewiesen sein (Zoofachhandel). Beachten Sie unbedingt die Gebrauchsanweisung!

Flügelstutzen. An beiden Flügeln werden die Armschwingen und die inneren Handschwingen (weiße Federpartien) gekürzt. Niemals einseitig beschneiden! Der Kakadu würde bei einem Flugversuch das Gleichgewicht verlieren und zu Boden stürzen.

Die Pflege von Volierenvögeln

Die Pflegemaßnahmen für Kakadus, die in Freivolieren mit Schutzhaus leben, reduzieren sich gegenüber der Pflege von Wohnungsvögeln auf wenige Handgriffe. Das Beschneiden der Krallen und des Schnabelhorns entfällt in der Regel, da die Papageien meist die Gelegenheit haben, Krallen und Schnäbel an rauhen Ästen unterschiedlicher Stärke abzuwetzen. Durch das Benagen von Naturholzästen und Nistkästen reguliert sich das Schnabelwachstum auf natürliche Weise.
Duschbad: Obwohl die Kakadus in der Freivoliere im Regenschauer baden können oder Badeschalen zur Verfügung stehen, empfiehlt sich bei größeren Volieren die Installation einer Sprinkleranlage. Während der warmen Sommermonate wird die Anlage täglich um die Mittagszeit kurz in Betrieb gesetzt. Bis zum Abend ist das Gefieder der Kakadus wieder trocken.
Kleine Verletzungen: Es kommt häufig vor, daß sich ein Kakadu beim Flug gegen das Volierengitter stößt und sich dabei die empfindliche Nasenhaut aufschlägt. Auch Bißwunden an den Zehen sind bei Streitereien unter Rivalen nicht selten. Obwohl solche Verletzungen manchmal stark bluten, ist es normalerweise nicht nötig, einen Tierarzt zu Rate zu ziehen. Lassen Sie lieber den verletzten Vogel völlig in Ruhe, damit die Blutung zum Stillstand kommen kann.

Reinigung von Schutzhaus und Freivoliere

Täglich: Futterreste entfernen; Futter- und Wassernäpfe mit heißem Wasser säubern, abtrocknen und neu füllen.
Wöchentlich: Erd- und Sandschicht ausharken und – falls nötig – neue Sandschicht einbringen.
Monatlich: Die Sitzäste werden relativ schnell von den starken Schnäbeln der Kakadus zernagt. Eine Reinigung erübrigt sich hier meist; stattdessen ist ein regelmäßiges Auswechseln erforderlich. Eine »Lagerhaltung« von Naturästen ist ratsam.
Halbjährlich: Gesamte Bodeneinstreu entfernen; Volierenböden ausschrubben, desinfizieren (→ Seite 22) und mit neuer Sandschicht versehen.
Jährlich: Große Reinigung; auch Volierengitter und Wände des Schutzhauses abwaschen, wenn nötig mit neuem Anstrich versehen.
Wichtig: Während der Reinigung und Desinfektion müssen die Papageien ausquartiert werden.

Gefahrenkatalog

Gefahrenquelle	Auswirkungen	Vermeiden der Gefahren
Artgenossen (Rivalen)	Starke Kämpfe; Entstehung von Streß; Begünstigung von psychisch bedingten Krankheiten (→ Krankheiten, Seite 31).	Volierengesellschaften sorgfältig zusammenstellen und so lange beobachten, bis sich eine für alle Vögel erträgliche Rangordnung herausgebildet hat.
Badezimmer	Wegfliegen bei gekipptem Fenster; Ertrinken durch Abrutschen ins offene WC oder gefüllte Waschbecken (Wanne); Vergiftung durch Putzmittel und Chemikalien.	Papagei aus dem Badezimmer fernhalten; Badezimmertür niemals offenstehenlassen.
Drahtgitter	Erdrosseln oder Steckenbleiben bei ungeeigneten Drahtabständen; Zehen- und Kopfverletzungen bei dünnem, scharfkantigem Draht.	Drahtabstand und -stärke passend zur Vogelgröße wählen und Gitter regelmäßig kontrollieren.
Elektrokabel	Stromschlag durch Benagen oder Durchbeißen, oft mit Todesfolge.	Leitungen unter Putz, Teppichen, hinter Schränken verlegen oder durch Metallhülsen schützen; Stecker ziehen;
Gifte	Vergiftungen; tödlich sind Blei, Grünspan, Nikotin, kunststoffbeschichtete Pfannen, Klebemittel, Putz- und Pflanzenschutzmittel, Quecksilber; gesundheitsschädigend sind Bleistiftspitzen, Kugelschreiber- und Filzstiftminen, Alkohol, Kaffee, scharfe Gewürze.	Alle giftigen Gegenstände beziehungsweise Stoffe aus der Umgebung des Vogels entfernen beziehungsweise unerreichbar für ihn aufbewahren; Besondere Vorsicht bei Bleiband von Gardinen, Papageien knabbern gerne daran: möglichst Bleiband entfernen.
Giftige Bäume, Sträuche und Zimmerpflanzen	Vergiftungen, oft mit Todesfolge.	Keine Zweige giftiger Bäume zum Benagen geben. Giftig sind zum Beispiel Zweige von Akazie, Eibe, Goldregen, Schneeball, Schwarzer Heckenkirsche, Stechpalme, Zwergholunder und manchen Nadelhölzern. Verhindern, daß Papagei Zimmerpflanzen anknabbert oder frißt.
Glasscheiben	Dagegenfliegen, dadurch Gehirnerschütterung oder Genickbruch.	Glasscheiben (Fenster, Balkontüren, Glaswände) mit Gardinen bedecken oder Papagei an die für ihn unsichtbare Raumbegrenzung gewöhnen: Jalousien zu zwei Drittel herunterlassen, unbedeckte Fläche täglich etwas vergrößern.

Gefahrenkatalog

Gefahrenquelle	Auswirkungen	Vermeiden der Gefahren
Großpapageien (in einer Volieren-gemeinschaft)	Kämpfe und Verletzungen, in Ausnahme-fällen mit Todesfolge	Niemals unterschiedlich große Arten unbeaufsichtigt zusammenlassen.
Heimtiere, größere (Hunde, Katzen)	Kämpfe und Verletzungen, in Ausnahme-fällen mit Todesfolge.	Den Vögeln unbekannte Tiere niemals in den Volierenbereich lassen.
Klebemittel	Vergiftungen mit Todesfolge durch verdunstete Lösungsmittel.	Bei Verwendung von Klebemitteln (Reparaturen, Bastelarbeiten, Fußboden-verlegungen) alle Tiere aus dem Raum entfernen und nach getaner Arbeit sehr gründlich lüften.
Küche	Dämpfe und Dünste belasten die Atem-wege; überhitzte Küche, auch not-wendiges Lüften, führt zu Erkältungen und Krankheiten anderer Art. Achtung! Verbrennen an heißen Herdplatten und an heißen Speisen.	Vogel nicht in Küche halten oder regel-mäßig gut lüften – darauf achten, daß keine Zugluft entsteht. Nicht benutzte heiße Herdplatten abdecken.
Spalten (zum Bei-spiel zwischen Wand und Schrank)	Einklemmen; der Vogel kann bei seinen verzweifelten Befreiungsversuchen an Herzversagen sterben.	Schränke usw. paßgerecht einbauen oder weit genug abrücken; sonstige Spalten verschließen.
Spitze Gegenstände (Drahtenden, Nägel, Holzsplitter)	Verletzungen, Stichwunden, Tod durch Verschlucken.	Nicht herumliegen lassen; Sorgfalt beim Bau von Unterkünften und bei der Befestigung von Volierendraht; keine Nagelspitzen hervorgucken lassen.
Temperatur-schwankungen	Erkältungen oder Erfrierungen bei niedrigen Temperaturen, zum Beispiel, wenn Winterheizung ausfällt.	Abrupte Temperaturunterschiede möglichst vermeiden; Heizungssystem weitgehend absichern; Schutzhaus abisolieren.
Türen	Einklemmen, Zerquetschen bei unacht-samem Schließen oder Öffnen der Tür, Wegfliegen.	Unfall und Entkommen sind nur durch größte Achtsamkeit zu vermeiden.
Zigaretten	Verräucherte Luft schadet; Nikotin ist tödlich.	Am besten in der Umgebung des Vogels nicht rauchen, wenigstens aber regelmäßig lüften (Zugluft vermeiden!). Zigaretten für den Vogel unerreichbar aufbewahren.
Zugluft	Erkältungskrankheiten.	Zugluft tunlichst vermeiden; in Frei-volieren Windschutz anlegen.

Die artgerechte Ernährung

Die Nahrung freilebender Kakadus ist – je nach Verbreitungsgebiet – recht unterschiedlich. Manche Kakadu-Arten haben sich zu Nahrungsspezialisten entwickelt. Das gilt besonders für Arten, die in den Steppengebieten Inneraustraliens leben. Sie ernähren sich vorwiegend von Kleinsämereien und machen auch vor den Getreidefeldern in den Kulturlandschaften nicht Halt.
Kakadus, die tropische Regenwälder bewohnen, sind keine Nahrungsspezialisten, denn sie finden in ihrem natürlichen Lebensraum zu allen Jahreszeiten recht unterschiedliche Nahrung vor. Besonders solche Arten, um die es in diesem Buch in der Mehrzahl geht (→ Artbeschreibungen, Seite 45), lassen sich deshalb in Menschenobhut problemlos an ein Ersatzfutter gewöhnen.

Die Grundnahrung

Die Grundnahrung besteht aus verschiedenen Sämereien, welche die Kakadus das ganze Jahr über erhalten. Eine geeignete Futtermischung, die wir selbst seit Jahren für unsere Papageien verwenden, besteht aus: 30% Kardisaat, 30% Sonnenblumenkernen, 15% verschiedene Hirsearten und je 5% Hafer, Weizen, Mais, Kürbiskernen und Buchweizen (alles im Zoo- und Samenfachhandel erhältlich). Fertigfuttermischungen für Großpapageien sind, nach unserer Meinung, nicht uneingeschränkt für die Kakaduhaltung zu empfehlen. Für eine gesunde und abwechslungsreiche Großpapageien-Nahrung ist der Anteil an fettreichen Sonnenblumenkernen zu hoch. Eine Reduzierung des Sonnenblumenkernanteils und die Beimischung anderer Sämereien ist unbedingt zu empfehlen. Erd-, Wal-, Hasel-, Para- und Zwirbelnüsse sollten nur als Leckerbissen gegeben werden.

Obst, Grünfutter, Keimfutter

Früchte, Grünfutter und halbreife oder aufgequollene Sämereien (Keimfutter) enthalten lebenswichtige Vitamine und Mineralstoffe und sind daher unentbehrlich für Kakadus.

Obst und Gemüse:
Wenn die Papageien einmal daran gewöhnt sind, nehmen sie alles, was der Handel oder der eigene Garten an Obst und Gemüse zu bieten haben: Äpfel, Birnen, Pflaumen, Kirschen, Weintrauben, aber auch exotische Früchte wie Apfelsinen, Bananen, Mangos, Papayas oder Kiwis verschmähen die Kakadus nicht. Auch Beerenfrüchte aller Art, beispielsweise Erd-, Wald-, Preisel-, Stachel- oder Johannisbeeren und Ebereschenbeeren sowie Hagebutten kommen in Frage. An Gemüse werden gerne Möhren, Gurken, Kürbis- und Zucchinistücke genommen.
Hinweis: Besondere Leckerbissen sind für manche Kakadus frische Maiskolben in der Milchreife, die im Herbst auf den Feldern heranwachsen. Sicher wird jeder Bauer bereit sein, kleine Mengen gegen einen geringen Unkostenbeitrag abzugeben.
Grünfutterpflanzen: Die Palette der geeigneten Grünfutterpflanzen reicht vom Gartengemüse, beispielsweise Spinat, Salat oder Mangold über unzählige Wildpflanzen wie Hirtentäschelkraut, Vogelmiere und Löwenzahn.

Bei der Nahrungsaufnahme gebraucht der Kakadu seinen Fuß wie eine Hand, um größere Futterbrocken festzuhalten.

Vorsicht: Wildfutterpflanzen nur sammeln und verfüttern, wenn man sie genau bestimmen kann und sie ausdrücklich für die Ziervogelernährung ausgewiesen sind (→ Bücher, die weiterhelfen, Seite 56). Wildfutterpflanzen nicht an Straßenrändern sammeln. Sie sind durch Autoabgase vergiftet! Obst und Gemüse vor dem Füttern gründlich abspülen. Sie könnten mit Insektenvertilgungsmitteln gespritzt sein.
Keimfutter: Im Winter, wenn es an Grünfutter fehlt und das Obst teuer ist, kann Keimfutter den Vitamin- und Mineralstoffbedarf des Kakadus decken. Gut geeignete Sämereien sind: Hafer und Weizen sowie gekeimte oder gequollene Kleinsämereien (»Sittichfutter«). Alle Sämereien werden getrennt voneinander vorgekeimt und erst beim Verfüttern zusammen in einen Napf gegeben.
Die Herstellung von Keimfutter: Geben Sie die für zwei Tage benötigte Futtermenge (→ Seite 29) in einen Topf und lassen Sie die mit Wasser bedeckten Samenkörner 24 Stunden an einem warmen Ort quellen. Danach werden die aufgequollenen Samen in ein engmaschiges Sieb geschüttet und gründlich durchgespült. Nun verteilen Sie die Samen auf flachen Drahträhmchen. Stellen Sie alles zusammen wiederum an einen warmen Platz. Innerhalb der nächsten 24 Stunden müssen Sie die Körner mehrmals gründlich unter fließendem Wasser abspülen. Je nach Wärmeeinwirkung sind nach zwei oder drei Tagen die Keime durchgebrochen. Sie werden nochmals abgespült und den Kakadus in einem separaten Futternapf gegeben. Bieten Sie den Vögeln nur soviel an, wie sie innerhalb weniger Stunden verzehren.
Vorsicht: Keimfutter verdirbt schnell, deshalb müssen – vor allem im Sommer – Futterreste nach wenigen Stunden entfernt und der Napf gereinigt werden.

Animalisches Futter

Obwohl sich Kakadus in erster Linie von Pflanzen ernähren, benötigt ihr Organismus auch regelmäßig tierisches Eiweiß in geringen Mengen. Geben Sie dem Kakadu einmal wöchentlich in kleinen Portionen: Hartgekochtes Ei, Quark, Käse oder Hundefutter aus der Dose. Auch gegen einen ausgelösten Kotelettknochen (roh) ist hin und wieder nichts einzuwenden.

Unverträgliches Futter

Menschliche Speisen wie Wurst, gewürzte Fleischstückchen, Schokolade oder Gummibärchen sind kein Papageienfutter und können für die Vögel sehr schädlich sein.

Aufzuchtfutter

Während der Brutzeit und Jungenaufzucht kann den Kakadus ein zusätzliches Weichfutter angeboten werden. Geeignetes Aufzuchtfutter können Sie leicht selbst zubereiten: Nehmen Sie als Grundlage Eifutter, das sie im Zoofachgeschäft erhalten, und reichern Sie es mit geriebenem Obst, Möhren, Quark, Futterkalk und Vitaminen an. Vermischen Sie alles sorgfältig, bis das Futter eine feuchtkrümelige Konsistenz hat.
Das Aufzuchtfutter wird den Kakadus in einem separaten Futternapf angeboten. Es ist möglich, daß die Papageien dieses ungewohnte Futter erst nach mehrmaligem Anbieten zu sich nehmen. Die Gewöhnung an dieses Futter sollte bereits vor dem Schlüpfen der Jungen abgeschlossen sein, damit während der Jungenaufzucht keine Versorgungsengpässe eintreten.

Gelbwangenkakadu bei der Gefiederpflege. ▷
Das Beingefieder (oben links) wird ebenso sorgfältig geputzt wie die Federn der Flügel (oben rechts und unten links). Zum Abschluß sträubt der Kakadu sein Gefieder und schüttelt sich kräftig.

Vitamine und Mineralstoffe

Vitaminpräparate sind bei einem ausgewogenen, abwechslungsreichen Futterangebot unnötig. Nur im Winter, wenn es wenig Obst und Gemüse gibt, oder nach dem Urlaub, wenn die »Urlaubsvertretung« die Kakadus nur mit dem Nötigsten versorgt hat, kann es sinnvoll sein, dem Trinkwasser ein Multivitaminpräparat (Zoofachhandel) beizugeben.
Mineralstoffe nehmen die Kakadus durch handelsüblichen Futterkalk auf, den man einmal wöchentlich über Obst und Keimfutter streut oder unter das Aufzuchtfutter mischt. Außerdem brauchen die Vögel Grit und gewöhnlichen Flußsand beziehungsweise Vogelsand (→ Seite 15), die ebenfalls zur Deckung des Mineralstoffbedarfs dienen und die Mahltätigkeit des Muskelmagens unterstützen. Diese Futterbeigaben sind lebensnotwendig; fehlen sie über längere Zeit, können Kakadus sogar sterben, weil die Nahrung nicht richtig verarbeitet werden kann. Verwenden Sie den Sand als Käfigeinstreu (→ Seite 15) und reichen Sie Grit im gesonderten Futternapf!

Trinkwasser

Kakadus brauchen täglich frisches Trinkwasser (Leitungswasser). In Gegenden mit einer schlechten Wasserqualität sollte das Trinkwasser mit einem Filter aufbereitet werden oder Sie verwenden Mineralwasser ohne Kohlensäure. Durch die Zugabe einiger Tropfen Avisanol (Zoofachhandel) läßt sich die Wasserqualität steigern.

◁ Rosakakadu und Goffin-Kakadu.
Rosakakadu mit aufgestellter Haube (oben links) und beim Flügelheben (oben rechts).
Der Goffin-Kakadu (unten) ist so verspielt, daß er sich sogar flach auf den Rücken legt – das ist ein ungewöhnliches Verhalten bei einem Vogel.

Die richtige Fütterung

Anzahl der Futternäpfe: Es sollten mindestens vier Futternäpfe zur Verfügung stehen. Je ein Napf wird mit Körnerfuttermischung, Trinkwasser, Grit und im Wechsel mit Obst, Grünfutter oder Keimfutter gefüllt. Zur Brutzeit ist ein fünfter Behälter für Aufzuchtfutter notwendig.
Hinweis: Achten Sie darauf, daß die Näpfe immer sauber sind und die Kakadus stets die gleichen Futternäpfe in gewohnter Anordnung erhalten!
Fütterungszeit: Füttern Sie immer zur gleichen Zeit, entweder morgens oder am Nachmittag. Wir füttern unsere Papageien stets zwischen 16 und 17 Uhr, im Winter etwas früher. Sie sind in dieser Zeit sehr aktiv und können vor Einbruch der Nacht ausreichend Nahrung zu sich nehmen.
Futterzusammensetzung: Die angebotene Nahrung sollte etwa zur Hälfte aus trockenen Sämereien, zur anderen Hälfte aus Grünfutter, Obst und Keimfutter bestehen. Vor und während der Jungenaufzucht kann der Anteil an Keimfutter erhöht und das gewohnte Nahrungsangebot durch Aufzuchtfutter und gekochte Hülsenfrüchte (→ Kakadu-Zucht, Seite 35) ergänzt werden.
Nahrungsmenge: Die tägliche Nahrungsmenge richtet sich nach der Größe und den Bewegungsmöglichkeiten der Kakadus. Käfigvögel, die wenig Bewegung haben und kleinere Arten (→ Artbeschreibungen, Seite 48) benötigen etwa 80 g Körner und etwa die gleiche Menge an Obst. Größere Kakadu-Arten, die zudem in Volieren leben, brauchen entsprechend mehr Futter. Genauere Angaben können wir an dieser Stelle nicht machen, da die Verhältnisse von Fall zu Fall unterschiedlich sind. Grundsätzlich gilt: Die Futtermenge nicht zu knapp bemessen, aber auch nicht regelmäßig überdosieren. Letzteres führt dazu, daß die Kakadus sich einseitig ernähren, weil sie sich nur die »Leckerbissen« schmecken lassen.

Körper- und Gefiederpartien

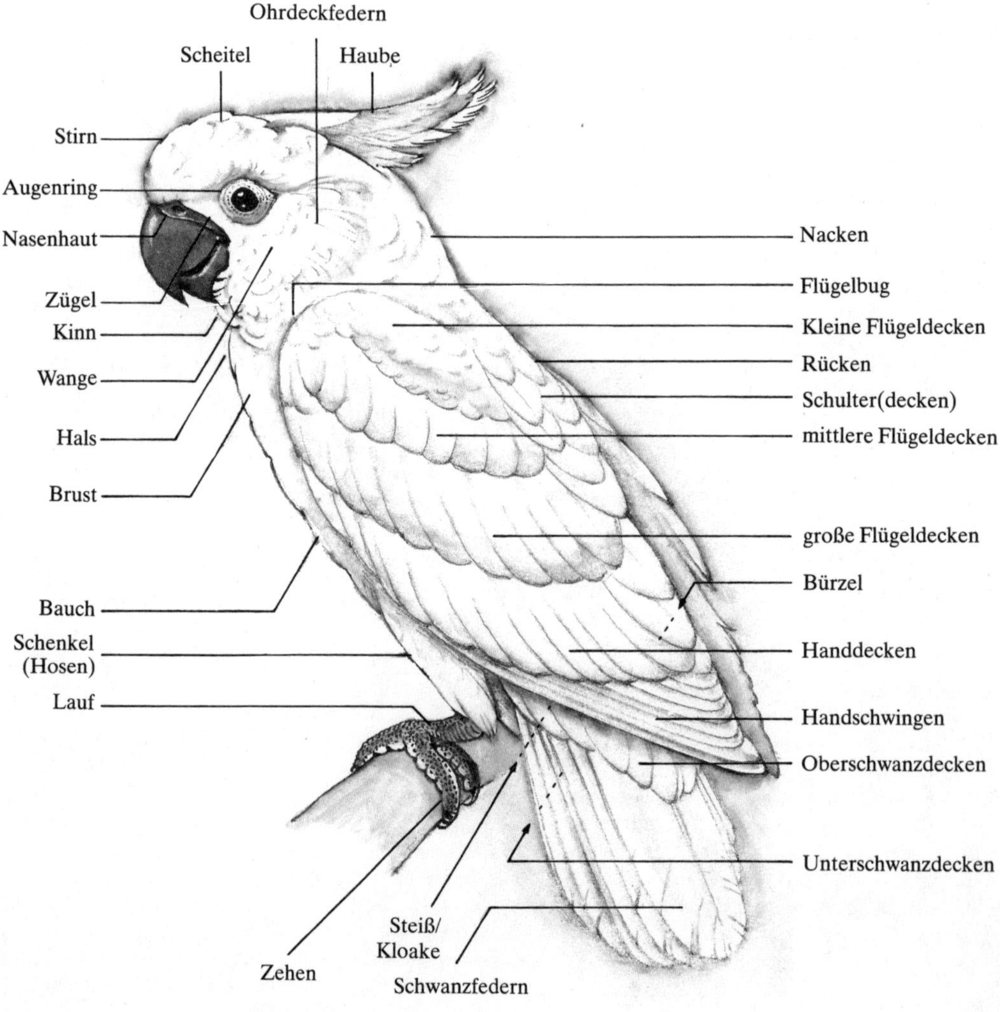

Die Körperpartien des Kakadus zu kennen, kann besonders dann hilfreich sein, wenn ein Tierarztbesuch mit dem Vogel nötig wird.

Gesunderhaltung und Krankheit

Allgemeine Krankheitszeichen

Bei artgerechter Haltung und Pflege werden Kakadus selten krank. Aber auch einem erfahrenen Papageienhalter kann einmal ein Pflegefehler unterlaufen oder die natürlichen Abwehrkräfte des Kakadus sind aus nicht erkennbaren Gründen geschwächt, so daß es doch zum Ausbruch einer Krankheit kommt. Spezifische Krankheitszeichen gibt es für die meisten Krankheiten der Papageien nicht, jedoch ist erkennbar, ob ein Kakadu sich krank fühlt (→ Auswahl eines gesunden Kakadus, Seite 8).

Erste-Hilfe-Maßnahmen

Nur der erfahrene Papageienhalter ist in der Lage zu beurteilen, ob eine Erkrankung des Papageis ernsterer oder leichterer Natur ist. Anfänger in der Papageienhaltung sollten sich stets unverzüglich an einen Tierarzt wenden.
Ein kranker Kakadu muß sofort von anderen Papageien getrennt und in einem separaten Käfig untergebracht werden. Die im Zoofachhandel angebotenen Krankenkäfige sind grundsätzlich sehr zu empfehlen.
Eine wirkungsvolle Erste-Hilfe-Maßnahme bei leichteren Erkrankungen ist die Bestrahlung mit Infrarotlicht, die heute auch von Tierärzten vielfach empfohlen und angewendet wird.
Im Abstand von etwa 60 cm zum Käfig stellt man den Infrarotstrahler auf und richtet ihn so aus, daß der Wärmestrahl nur eine Käfighälfte erreicht und der Vogel auf eine kühlere Temperaturzone ausweichen kann, wenn es ihm zu warm wird.

Der Gang zum Tierarzt

Bessert sich der Zustand des Kakadus nicht innerhalb eines Tages, ist der Gang zum Tierarzt unvermeidlich. Erkundigen Sie sich schon bei der Anschaffung des Kakadus, welcher Tierarzt über die entsprechende Erfahrung in der Behandlung von Papageien verfügt.
<u>Der Transport</u> des Vogels muß möglichst schonend, am besten in einer (eventuell gepolsterten) Transportkiste erfolgen.
<u>Die Fragen des Tierarztes</u> zur Haltung, zum Verhalten des Vogels und zu den Krankheitsanzeichen sollten Sie präzise beantworten können. Das erleichtert ihm die Diagnose wesentlich.
<u>Auch eine Kotprobe</u> des Vogels (möglichst frisch und unversandet), die wahrscheinlich sofort untersucht wird, ist unter Umständen für die genaue Diagnose sehr hilfreich.
<u>Die Behandlungsmaßnahmen</u> werden vom Tierarzt meist sofort eingeleitet; er verordnet Medikamente und erteilt Pflegehinweise für den kranken Vogel.
<u>Der Heilerfolg</u> ist nur dann gewährt, wenn Sie die Anweisungen des Tierarztes genau befolgen. Zu früh abgebrochene Behandlungen zum Beispiel führen nicht selten zu empfindlichen Rückschlägen.

Krankheiten, die häufiger vorkommen

Befall mit Ektoparasiten (Außenparasiten)
Papageien können von Milben, Federlingen oder Läusen befallen werden. Die Parasiten leben auf der Körperoberfläche und im Federkleid des befallenen Vogels. Bei gut gehaltenen Papageien nimmt der Befall nur selten größere Ausmaße an.
<u>Krankheitszeichen:</u> Der befallene Vogel ist unruhig, putzt sich auffallend oft und ausdauernd, kratzt sich häufig mit Hilfe der Zehen und Krallen, da er ständig von einem Juckreiz geplagt wird. Allmählich zeigen sich kahle Stellen an Kopf, Bauch und unter den Flügeln.
<u>Mögliche Ursachen:</u> Häufig Nachlässigkeit bei den Reinigungsarbeiten; andere Ursachen möglich (Tierarzt befragen).
<u>Behandlung:</u> Mit einem geeigneten Insektizid (Beratung durch Zoofachhändler oder Tierarzt) den Vogel einpudern und die gesamte Unterkunft behandeln.

Achtung: Um schwere Vergiftungen zu verhindern, achten Sie unbedingt auf folgende Dinge:

- Nur ein Insektizid verwenden, bei dem der Hersteller ausdrücklich angegeben hat, daß es sich für die Anwendung bei Ziervögeln eignet.
- Beim Einpudern des Vogels Augen, Nase und Schnabel sorgfältig mit der Hand schützen.
- Niemals den Vogel mit Spray behandeln.
- Bei der Behandlung der Unterkunft unbedingt alle Vögel herausnehmen.

Vorbeugung: Regelmäßige gründliche Reinigung der Unterkunft, dabei alle Holzteile mit heißem Wasser abbürsten.

Befall mit Endoparasiten (Innenparasiten)
Papageien können vor allem von Bandwürmern (Zestoden), Spulwürmern (Askariden) und Haarwürmern (Capillaria) befallen werden.
Krankheitszeichen: Keine typischen Krankheitserscheinungen; der erkrankte Vogel sitzt oft aufgeplustert herum, magert langsam ab und setzt schleimigen Kot ab. Plötzliche Todesfälle können infolge einer Darmverstopfung durch Hunderte von Würmern (meist Spulwürmern) auftreten.
Mögliche Ursachen: Unsaubere Haltung begünstigt die Krankheit.
Sofortmaßnahmen: Kotuntersuchung beim Auftreten der ersten Krankheitszeichen (rechtzeitige Behandlung kann Ausmaß und Folgen von Wurmbefall mildern).
Behandlung: Durch den Tierarzt, nur er kann ein geeignetes Mittel verschreiben; bei der Verabreichung genau seine Anweisungen befolgen, eine Überdosierung kann für den Papagei gefährlich werden.
Vorbeugung: Vogelbehausungen regelmäßig gründlich säubern. Den Kot von Papageien, die in der Freivoliere leben, mehrmals im Jahr auf Würmer untersuchen lassen.

Darmentzündung
Eine der häufigsten Gesundheitsstörungen bei Papageien.
Krankheitszeichen: Allgemeine Krankheitserscheinungen (→ Seite 31), Durchfall, vermehrte Wasseraufnahme (infolge des hohen Flüssigkeitsverlustes), geringere Futteraufnahme, so daß diese Krankheit eine manchmal lebensbedrohende Gefahr für den Papagei bedeuten kann.
Hinweis: Psychische Faktoren können zu durchfallähnlichen Ausscheidungen führen, die nicht als Folge einer Darmentzündung zu bewerten sind. So kann beispielsweise der Anblick eines in der Luft schwebenden Greifvogels oder einer auf dem Volierendach lauernden Katze, die Angst beim Einfangen durch den Pfleger oder beim Aufeinandertreffen rivalisierender Artgenossen zu plötzlichem wäßrigem Durchfall führen.
Mögliche Ursachen: Verdorbenes Futter, Nahrungsumstellung, Aufnahme von Giftstoffen (zum Beispiel Blei, Bleiband in Gardinen, farbige Bänder, Lacke, Reinigungsmittel), Erkältung, Parasitenbefall, Infektionen.
Sofortmaßnahmen: Bei Verdacht auf Vergiftung (vor allem durch Blei!) sofort zum Tierarzt. Sonst Kamillentee und leicht verdauliches Futter anbieten, Infrarot-Bestrahlung (→ Seite 31). Möglichst rasch zum Tierarzt gehen und eine Kotprobe mitnehmen, wenn der Vogel sehr matt wirkt, oder die Erste-Hilfe-Maßnahmen nicht innerhalb weniger Stunden zur Besserung führen.
Behandlung: Eine medikamentöse Behandlung muß vom Tierarzt angeordnet werden. Seine Anweisungen genau beachten!
Vorbeugung: Ursachen vermeiden beziehungsweise Haltung ständig überprüfen.

Kokzidiose
Kokzidien sind einzellige Darmparasiten, die in der Darmschleimhaut der Papageien leben.
Krankheitszeichen: Kokzidien können schwere Entzündungen der Darmschleimhaut hervorrufen; die Folge davon sind Darmblutungen, Begleiterscheinungen sind Durchfall und Abmagerung.
Mögliche Ursachen: Unsaubere Unterkünfte und schlechter Gesundheitszustand der Vögel begünstigen die Krankheit.
Behandlung: Nur durch den Tierarzt.
Vorbeugung: Regelmäßige gründliche Reinigung und Desinfektion (nach Vorschrift) der Unter-

kunft, Kotuntersuchungen – wichtig, da bei rechtzeitigem Behandlungsbeginn der Vogel schon nach kurzer Zeit frei von Kokzidien sein kann.

Erkrankungen der Atmungsorgane

Störungen der Atmungsorgane können auf sehr unterschiedlichen Ursachen beruhen. Eine differenzierte Diagnose ist äußerst wichtig, am lebenden Vogel aber manchmal unmöglich.

Krankheitszeichen: Allgemeine Krankheitserscheinungen (→ Seite 31), wiederholtes Niesen, feuchte oder verstopfte Nasenlöcher, Ausfluß aus der Nasenhöhle, Atembeschwerden (der Vogel sitzt breitbeinig, atmet mit geöffnetem Schnabel, der Schwanz wippt bei jedem Atemzug auffallend auf und nieder), Atemgeräusche; gelegentlich kommt eine Lidbindehautentzündung dazu.

Mögliche Ursachen: Befall der Atemwege mit Bakterien, Viren oder Pilzen, Erkältungen durch Zugluft oder falsche beziehungsweise plötzlich veränderte Haltungstemperaturen; andere Ursachen sind ebenfalls möglich, vor allem bei Pilzbefall.

Sofortmaßnahme: Infrarot-Bestrahlung (→ Seite 31). Tritt nach 24 Stunden keine Besserung ein, braucht der Papagei tierärztliche Hilfe. Bei deutlichen Atembeschwerden und Atemgeräuschen sofort zum Tierarzt!

Behandlung: Nur durch den Tierarzt. Rechtzeitiger Behandlungsbeginn kann die Aussicht auf Heilung erhöhen. Nicht in allen Fällen ist eine erfolgreiche Behandlung möglich.

Federfressen, Federrupfen

Eine unangenehme Erscheinung, die zu den psychischen Erkrankungen gehört. Vorrangig betroffen sind einzeln gehaltene Papageien, kann aber auch bei paarweiser Haltung und bei optimalen Haltungsbedingungen vorkommen.

Krankheitszeichen: Reichen vom gelegentlichen Auszupfen und Zerbeißen einzelner Deckfedern, vor allem im Schulter-oder Brustbereich, bis hin zum völligen Kahlrupfen des Körpers (mit Ausnahme des nicht erreichbaren Kopfgefieders). Auch Fälle von Selbstverstümmelung, bei denen sogar die Haut oder die darunter befindliche Muskulatur angeknabbert wurde, sind bekannt.

Mögliche Ursachen: Nur unzureichend bekannt, man geht jedoch mittlerweile davon aus, daß das Zusammentreffen mehrerer der folgenden Faktoren das Federfressen oder -rupfen auslöst oder zumindest begünstigt:

- Unzureichende Bewegungsmöglichkeiten.
- Langeweile (in »sterilen Behausungen«).
- Dauerstreß bei engem Zusammenleben in einer Käfig- oder Volierengemeinschaft.
- Fehlen oder Verlust einer Bezugsperson.
- Fehlen eines Geschlechtspartners bei Eintritt der Geschlechtsreife.
- Hautkrankheiten, die Juckreiz verursachen.
- Mangelhafte Ernährung, falsche Umgebungstemperatur, unzureichende Luftfeuchtigkeit.
- Fehlende Badegelegenheit oder fehlende regelmäßige Dusche.

Federrupfer werden Kakadus genannt, die sich bis hin zur fast völligen Kahlheit die Federn auszupfen. Diese Krankheit hat meist psychische Ursachen.

Behandlung: Mißstände bei der Haltung und Pflege abstellen! In manchen Fällen ist es sinnvoll, den betroffenen Papagei vom Käfig in eine größere Voliere umzusiedeln, ihm dort ausreichende Beschäftigung in Form von Knabberästen, Ketten, Holzspielzeug, Tau-Enden oder Klettergeräten zu verschaffen; den Vogel gegebenenfalls mit einem Artgenossen vergesellschaften. Beschäftigen Sie sich häufiger und intensiver mit Ihrem Einzelvogel! Die im Handel angepriesenen Mittel gegen Federrupfen haben erfahrungsgemäß in der Regel keine Wirkung.

Das Kratzen mit Hilfe des Fußes ist ein Teil der Körperpflege.

Vorbeugung: Optimale Haltungsbedingungen; bei Einzelhaltung ausreichende Zuwendung, besser noch Anschaffung eines Artgenossen.
Hinweis: Seit etwa 1980 gewinnt eine Federerkrankung an Bedeutung, die bislang allerdings nur beim Gelbwangenkakadu festgestellt wurde, wahrscheinlich aber auch beim Rotsteißkakadu und anderen Arten vorkommt. Im Anfangsstadium erinnert diese Erkrankung an das Federrupfen. Die normalerweise während der Mauser nachwachsenden Federn erscheinen nur noch unvollständig ausgebildet, das Gefieder wird zunehmend lückenhaft, bis das Federwachstum schließlich ganz zum Stillstand kommt. Der Kakadu ist flugunfähig. Zusätzlich kann in manchen Fällen eine Schnabelerweichung beobachtet werden. Man neigt dazu, als Ursache eine Virusinfektion, die durch Stress begünstigt wird, anzunehmen; andere Faktoren sind nicht auszuschließen. Genaue Aussagen über die Erkrankungsursache gibt es zur Zeit jedoch ebensowenig wie Behandlungsmöglichkeiten. Erkrankte Kakadus sterben nicht selten innerhalb weniger Monate.

Papageienkrankheit (Psittakose)
Die Papageienkrankheit oder Psittakose gehört keineswegs zu den häufigen Krankheiten der Papageien. Sie soll dennoch kurz besprochen werden, weil sie selbst Laien dem Namen nach bekannt ist und sie ernsthafte und zum Teil lebensgefährliche Krankheitserscheinungen bei Papageien und Menschen hervorrufen kann. Die Psittakose ist eine Infektionskrankheit, die allerdings nicht nur bei Papageien auftritt. Bei über hundert weiteren Vogelarten wurde der Erreger dieser Krankheit nachgewiesen (man spricht in diesem Fall von Ornithose).
Krankheitszeichen: Keine charakteristischen Symptome. Schläfrigkeit, Abmagerung, Durchfall, Lidbindehautentzündung, verminderte Futteraufnahme können Begleiterscheinungen der Erkrankung sein.
Behandlung: Die Krankheit ist meldepflichtig (Gesundheitsbehörde) und muß behandelt werden. Erkrankte Papageien werden nach Anweisung des Amtstierarztes isoliert untergebracht und mit einem geeigneten Antibiotikum behandelt.
Hinweis: Für den Menschen kann eine Psittakoseinfektion zu einer lebensbedrohenden Erkrankung werden. Neben leichteren Erscheinungsbildern, ähnlich denen einer Erkältung oder Grippe, werden auch schwere Erkrankungen mit hohem Fieber und Infektionen der Atmungsorgane beobachtet. Die Erkrankung ist heilbar, wenn sie rechtzeitig erkannt und behandelt wird.
Vorbeugung: Kaum möglich; wichtig ist, daß ein Papagei erregerfrei erworben wird (ausführliche Informationen über Psittakose finden Sie in Fachbüchern und Zeitschriften, → Seite 56). Vorsicht beim Kauf von Papageien aus Massenhaltungen und unhygienischen Anlagen.

Kakadu-Zucht

Gelbwangen-, Gelbhauben- und Rosakakadus vermehren sich – vorausgesetzt die Haltungsbedingungen sind artgerecht – von allen Großpapageienarten am besten in der Obhut des Menschen. Für eine erfolgreiche Zucht müssen Sie einige Grundvoraussetzungen (vor allem bei der Unterbringung und Ernährung) schaffen und – nicht zu vergessen – eine Zuchtgenehmigung einholen.

Bedrohung und Artenschutz

Kakadus gehören zu den gefährdeten oder gar von der Ausrottung bedrohten Tierarten. Ursache dafür ist die fortschreitende Zerstörung ihrer Lebensräume durch den Menschen. Um landwirtschaftliche Nutzflächen zu gewinnen, werden Waldflächen rücksichtslos gerodet und somit fallen auch die Brut- und Schlafbäume vieler Kakaduarten den Motorsägen zum Opfer.
Aber auch der Tierhandel ist nicht ganz unschuldig am Schrumpfen der Naturpopulationen von Kakadus. Da die Anzahl der nachgezüchteten Kakadus immer noch gering ist, aber viele Vogelliebhaber in aller Welt Kakadus pflegen möchten, werden diese Vögel zu Tausenden gefangen und verkauft.
Durch das Washingtoner Artenschutzabkommen und das Inkrafttreten der Bundesartenschutzverordnung (19. 12. 86) hat man in der Bundesrepublik den Handel mit Kakadus erschwert (→ Formalitäten beim Kauf, Seite 12). Aber damit allein ist die Arterhaltung vieler Kakadu-Arten sicher nicht gewährleistet. Erfolgversprechender könnte schon eher eine Kombination aus Artenschutz per Gesetz und der gezielten Kakadu-Zucht sein.

Rechtliche Bestimmungen

Die Zucht von Kakadus ist grundsätzlich erlaubt. Allerdings kann die Naturschutzbehörde die Zuchterlaubnis von dem Nachweis abhängig machen, daß der Züchter über ausreichende Kenntnis und über eine artgerechte Unterbringung verfügt. Ein Antrag »Zur Zucht und dem Handel mit Sittichen und Papageien« wird beim Ordnungsamt oder der Unteren Landschaftsbehörde der Stadt beziehungsweise des Kreises gestellt.
Daraufhin erfolgt der Besuch des Amtstierarztes beim Antragsteller. Der Tierarzt beurteilt, ob

- die Voliere hygienisch einwandfrei und unter tiermedizinischen Aspekten zur Zucht geeignet ist;
- den Vorschriften des Tierschutzgesetzes hinsichtlich der artgemäßen Unterbringung der Vögel entsprochen wurde;
- der Antragsteller über ausreichende Fachkenntnisse verfügt.

Bei der Begattung »legt« sich das Weibchen flach, mit abgestellten Flügeln auf die Sitzstange und demonstriert auf diese Weise die Paarungsbereitschaft.

Weiterhin sind an die Zuchtgenehmigung folgende Bedingungen geknüpft:

- Der Kakaduhalter muß ein Nachweisbuch führen, in welchem Ankäufe, Verkäufe, Geburten und der Tod von Kakadus vermerkt sind.
- Alle Nachzuchten müssen mit amtlichen Ringen gekennzeichnet werden.

Kakadu-Zucht

Voraussetzungen für den Bruterfolg

Unterbringung: Die Unterbringung des Kakadu-Paares in einer Vogelstube (→ Seite 14) oder in einer Freivoliere (→ Seite 17) bietet die besten Voraussetzungen für eine erfolgreiche Zucht. Werden mehrere Papageien zusammen gehalten, ist es besser, dem Paar ein separates Volierenabteil zur Verfügung zu stellen, das ein wenig abseits vom Familientrubel oder Verkehrslärm gelegen ist. Reihen sich in einem Haltungssystem mehrere Volieren aneinander, sollten Sie darauf achten, daß das Zuchtpaar in seinen Brutvorbereitungen nicht ständig durch Nachbarvögel gestört wird (wenn nötig Sichtschutzblenden anbringen).

Nahrungszusätze während der Brut: Wenn Sie Ihre Kakadus ausgewogen und abwechslungsreich ernähren (→ Ernährung, Seite 25), sind Nahrungszusätze vor und während der Brutzeit in der Regel überflüssig. Nur bei einseitiger Nahrungsaufnahme sollte den Brutvögeln Aufzuchtfutter (→ Seite 26) angeboten werden. Günstig ist es aber, einen gewissen Jahresrhythmus bei der Zusammenstellung des Futters einzuhalten. Geben Sie den zur Zucht vorgesehenen Vögeln:

- Während der Wintermonate Körnerfutter als Grundnahrung, zudem Obst und Grünzeug.
- Im Frühling dagegen weniger Körnerfutter, dazu vermehrt gekochte Hülsenfrüchte, gekeimte Sämereien und verschiedene Sorten Obst.

Nistkasten: Der Nistkasten hat eine quadratische Grundfläche (→ Zeichnung, Seite 40) und kann in der erforderlichen Größe (→ Größentabelle, Seite 40) im Zoofachhandel erworben oder auch von geschickten Bastlern selbst hergestellt werden. Verstärken Sie die Kanten des Schlupflochs mit Winkeln oder Blechstreifen. Dadurch verhindern Sie, daß die Kakadus das Schlupfloch mit den Schnäbeln erweitern. Unterhalb des Einschlupflochs (im Inneren des Kastens) wird eine Kletterhilfe aus stabilem, grobmaschigem Vierecksdrahtgeflecht angebracht.

Bruthöhle: Die Bruthöhle besteht aus einem ausgehöhlten Baumstamm (→ Zeichnung, Seite 40), den sie auf Bestellung beim Zoofachhändler kaufen können.

Nistkasteneinstreu: Nistkasten oder Bruthöhle werden mit einer etwa 10 cm dicken Lage Holzmulm versehen, die kurz vor dem Anbringen der Nistgelegenheiten angefeuchtet wird. Auf diese Weise lagern die Eier unter dem Gewicht des Weibchens richtig.

Anbringen von Bruthöhle und Nistkasten: Nistgelegenheiten werden hoch unter dem Volierendach (bei Gartenvolieren im überdachten Teil) oder im Schutzraum unter der Decke angebracht. Wenn möglich so plazieren, daß Sie die Bruthöhle oder den Nistkasten problemlos kontrollieren können, ohne die Voliere zu betreten.

Hinweis: Kakadus erhalten nur zur Brutzeit eine Nistgelegenheit. Nach der Brut müssen Bruthöhle und Nistkasten gründlich gereinigt, desinfiziert, falls nötig repariert und bis zur nächsten Fortpflanzungsperiode trocken aufbewahrt werden.

Paarzusammenstellung

Die Geschlechtsbestimmung ist bei den hier beschriebenen Arten relativ einfach (→ Geschlechtsbestimmung, Seite 11). Nicht so problemlos ist es dagegen, ein harmonierendes Paar zusammenzustellen. Auf jeden Fall sollten zur Zucht vorgesehene Vögel der gleichen Art beziehungsweise Unterart angehören. Das Aneinandergewöhnen von erwachsenen Vögeln gestaltet sich mitunter schwierig (→ Zusammengewöhnen, Seite 20). Leben dagegen mehrere Jungvögel unterschiedlichen Geschlechts in einer Voliere zusammen, wird sich schnell ein harmonierendes Kakadu-Paar zusammenfinden.

Nacktaugenkakadus. ▷
Ein gut miteinander harmonierendes Paar vor ihrer Bruthöhle.

Manchmal kommt es sowohl bei erwachsenen als auch bei Jungvögeln zu Spontanverpaarungen. Es kann aber ebenso passieren, daß sich zwei Kakadus, selbst nach mehreren Versuchen, nicht aneinander gewöhnen. In diesem Fall muß bei nächster Gelegenheit ein Vogel ausgetauscht werden.

Brutzeit

Bei Kakadus, die in einer Zimmervoliere oder in einer Vogelstube gehalten werden, kann die Brutzeit zu jeder Jahreszeit stattfinden. Leben die Papageien in einer Freivoliere und überwintern sie im Schutzhaus, stellen sich die Brutvögel mit der Zeit auf einen Jahresrhythmus ein. Ungefähr Ende April beginnt die Brutzeit (Eiablage Anfang Mai, Schlüpfen der Jungen Anfang Juni, Ausfliegen der Jungen Mitte Juli bis Anfang August, bei Nachzüglern später). Im September und Oktober folgt die Mauser. Danach gehen die Kakadus in eine winterliche Ruhepause bis zum nächsten Frühjahr.

Balz und Paarung

Die Balz verläuft bei manchen Kakadu-Arten sehr eindrucksvoll.
Imponierverhalten: Mit abgestelltem Gefieder und Flügeln, gefächertem Schwanz und aufgerichteten Haubenfedern umwirbt das Männchen sein Weibchen (→ Zeichnung, Seite 19). Dieses sogenannte Imponiergehabe dient einerseits der Abschreckung rivalisierender Artgenossen, anderseits der Werbung um das Weibchen (→ Soziales Verhalten, Seite 44).
Soziale Gefiederpflege: Eine weitere – häufig zu beobachtende – Verhaltensweise während der Balz ist die soziale Gefiederpflege (→ Zeichnung, Seite 5), das gegenseitige »Kraulen« zweier Vögel. Einerseits hat dieses Verhalten eine soziale Funktion, es dient der Festigung der Paarbindung. Zum anderen betreiben die beiden Vögel tatsächlich Gefiederpflege an Körperstellen wie Kopf- oder Steißbereich, die der Einzelvogel selbst nur schwer erreichen kann.
Kopulation: Im Verlauf der Balz kommt es in der Regel zur Paarung. Das Männchen befliegt das Weibchen, dabei werden die Analöffnungen, in die Samen- und Eileiter münden, zusammengeführt und so die Kopulation vollzogen. Kurz vor der Eiablage nimmt die Paarungsbereitschaft und die Häufigkeit der Kopulationen zu.

◁ Beliebte Kakadu-Arten.
Inkakakadu, Nachzucht (oben links); Weißhaubenkakadu-Paar (oben rechts); Orangenhaubenkakadu, Unterart des Gelbwangenkakadu (unten links); Rosakakadu (unten rechts).

Eiablage und Brut

Am Ende der Balzzeit erfolgt die Eiablage. Das Kakadu-Weibchen legt im Abstand von zwei bis drei Tagen – am Nachmittag oder am frühen Morgen – zwei bis drei einfarbig weiße, rund-ovale Eier. Bei den hier beschriebenen Arten brüten Weibchen und Männchen im Wechsel, wobei dem Kakadu-Weibchen der größere Anteil am Brutgeschäft zufällt. Beide Elternteile können zeitlich unabhängig voneinander Nahrung zu sich nehmen. Aus diesem Grund entfällt das bei anderen Papageien vorkommende Partnerfüttern, eine soziale Verhaltensweise, bei der das Männchen sein Weibchen und die Jungen während der Brut und Aufzucht mit Nahrung versorgt.
Die Brutdauer liegt je nach Kakadu-Art (→ Artbeschreibungen, Seite 45) ungefähr zwischen 25 und 30 Tagen.

Entwicklung der Jungen

Die jungen Kakadus schlüpfen im Abstand der Eiablage. Bei der Geburt sind sie – wie alle Nesthokker – nackt, blind und völlig hilflos. Ihre körperliche Entwicklung dauert recht lange; erst im Laufe mehrerer Wochen öffnen sie die Augen und es entwickelt sich ein dichter, vor Kälte schützender Dunenpelz. Zwischen dem 60. und 100. Lebenstag – je nach Art – tragen die jungen Kakadus ihr

Geeignete Bruthöhlen. Links: ausgehöhlter Baumstamm (im Zoofachhandel erhältlich); die seitlich herausgeschnittene Kontrolltür wird mit einem Metallstift geschlossen. Rechts: selbstgebauter Nistkasten; Deckel und Kontrolltürchen sind aufklappbar.

vollständiges Gefieder und können das Nest verlassen. Bevor sie jedoch völlig selbständig sind, vergehen weitere zwei bis drei Wochen, in denen sie von den Eltern betreut und gefüttert werden.
Hinweis: In der Literatur wird erwähnt, daß Kakadus in der Regel aus einem Zweier- oder Dreiergelege nur ein Junges aufziehen. Die verbleibenden ein oder zwei Eier sind gewissermaßen Reserve, wenn die Aufzucht des ältesten Nestlings bereits in den ersten Tagen mißlingt. Entwickelt sich aber der erstgeborene Jungvogel normal, wird die Fütterung und Pflege der jüngeren Tiere manchmal vernachlässigt, so daß sie nicht selten verkümmern oder frühzeitig sterben. In diesem Fall kann der Züchter versuchen, die Jungvögel per Hand aufziehen.

Handaufzucht
Es kommt vor, daß Kakadus ihr Gelege aufgrund häufiger Störungen verlassen oder sich nicht ausreichend um alle Jungvögel kümmern. Erkennt das der Züchter frühzeitig genug, kann er die Eier aus dem Nest nehmen und im Kunstbrüter zur weiteren Entwicklung bringen. Nach dem Schlüpfen werden die Jungvögel beziehungsweise von den Eltern vernachlässigte Nestlinge von Hand aufgezogen.
Ein Nachteil der Handaufzucht ist allerdings, daß diese Jungvögel völlig auf den Menschen geprägt sind und damit für spätere Zuchtzwecke meist nicht mehr eingesetzt werden können.
Haltung: Halten Sie die Papageienküken bei einer Temperatur von etwa 36 °C. Ein Infrarot-Strahler leistet dabei gute Dienste. Wählen Sie für die Haltung der Nestlinge einen nicht zu großen Behälter (etwa in der Größe eines 5 l-Eimers).
Futter und Fütterung: Die Jungvögel bekommen anfangs etwa alle zwei Stunden zwischen 6.00 Uhr und 24.00 Uhr einen Futterbrei. Gut geeignet ist Säuglingsnahrung in Pulverform mit Wasser vermischt. In zwei- bis dreitägigen Abständen setzen

Nistkastenmaße (in cm)

Kakaduart	Nistkastenhöhe	Innenraumdurchmesser bei Naturstämmen	Kantenlänge bei quadratischen Holzkästen	Schlupflochdurchmesser
Goffin-, Rotsteißkakadu	60–80	25–30	25	10
Gelbwangen-, Nacktaugen-, Rosakakadu	80–100	30–35	30	10–12
Molukken-, Weißhauben-, Gelbhaubenkakadu	120–150	35–45	35	12–15

Sie dem Brei Vitamine und Mineralstoffe zu. Die Nahrung muß täglich frisch angerührt werden, sollte beim Füttern eine Temperatur von 40 ° bis 41 °C haben und wird anfangs mit einer großvolumigen Plastikeinwegspritze und später mit einem Teelöffel verabreicht. Mit zunehmendem Alter füttern Sie die Jungvögel nur noch etwa alle drei bis vier Stunden. Der Futterbrei wird dann mit kleingeschnittenem Eigelb, Obst und Grünzeug angereichert und kann lauwarm sein.
Schwierig ist es, die kleinen Kakadus vom Futterbrei auf Körnerfutter umzustellen. Gewöhnen Sie die Jungvögel Schritt für Schritt daran. Geben Sie zunächst den gewohnten Futterbrei in den Futternapf, später dann weiches Obst und Grünzeug und schließlich Sämereien, erst gemahlen oder enthülst, dann vollständig. Das Enthülsen der Sämereien müssen die jungen Kakadus regelrecht erlernen. Das geschieht am besten durch Zuschauen bei Artgenossen. Achten Sie bei der Aufzucht sorgfältig darauf, daß die Jungvögel nicht plötzlichen Temperaturschwankungen oder Zugluft ausgesetzt sind. Nur voll befiederte Kakadujunge dürfen ohne zusätzliche Wärmequelle bei Zimmertemperatur gehalten werden.

Was während der Brut zu beachten ist

Die Brutzeit ist eine Ausnahmesituation für die Kakadus ebenso wie für den Pfleger, deshalb:

- Betreten Sie während der Brutzeit möglichst nicht die Voliere, denn manche Kakadus werden sehr aggressiv und angriffslustig.
- Halten Sie Störungen wie Baumaßnahmen, größere Reinigungsarbeiten und Besuche von den Brutvögeln fern.
- Geben Sie vor und während der Jungenaufzucht abwechslungsreiches Futter in ausreichender Menge.
- In besonders trockenen Sommermonaten muß der Nistkasten während der Brutzeiten ab und zu von außen mit Wasser besprüht werden.
- Achten Sie darauf, daß die Brutvögel immer eine Badegelegenheit haben.

Entwicklungsstadien eines jungen Gelbhaubenkakadus

Mit 25 Tagen sind die Augen geöffnet und die Federkiele durchbrechen bereits die Haut.

Im Alter von rund 5 Wochen zeigen sich am Kopf deutlich Federkiele und die Schnabelspitze färbt sich dunkel.

Mit 40 Tagen sind die gelben Haubenfedern erkennbar und ein Teil der Flügel- und Rückenbefiederung ist vorhanden.

Das Verhalten der Kakadus

Beobachtungen aus dem Freiland

Über die Lebensweise und das Verhalten der Kakadus in der Natur weiß man – im Gegensatz zu den meisten anderen Papageienarten – recht gut Bescheid.
Gruppengröße: Die Kakadu-Arten, die in diesem Buch beschrieben sind, leben in ihrer Heimat außerhalb der Brutzeit in Schwärmen zusammen. Solche Schwärme bestehen aus Einzeltieren, Paaren und Familien, die sich an gemeinsamen Nahrungs-, Trink- und Übernachtungsplätzen versammeln. Bei der Nahrungssuche bilden besonders die Kakadu-Arten der steppen- und wüstenartigen Lebensräume große Gruppen. Nicht selten trifft man an bevorzugten Plätzen mehrere Tausend Vögel an. Die Gruppen bei den Arten, die in den tropischen Regenwäldern außerhalb des australischen Kontinents vorkommen, sind dagegen mit nur 8 bis 10 Vögeln sehr viel kleiner.
Das Zusammenleben: Die Gruppenbildung hat bei den Kakadus vor allem die Funktion der Nahrungssicherung. Keinesfalls stehen soziale Aspekte dabei im Vordergrund, denn die Vögel gehen in der Gruppe meist keine näheren sozialen Verbindungen – außer der Partnerwahl – ein. Man könnte das Zusammenleben eher als eine Art offene Gesellschaft bezeichnen, in der sich die Einzeltiere nicht unbedingt kennen und in der keine festgelegte Rangordnung besteht. Der Vorteil eines Zusammenschlusses liegt mehr darin, daß Nahrungsplätze besser erkundet und vor Nahrungskonkurrenten abgesichert werden können. Allerdings kommt es in der Kakadugesellschaft auch häufig zu Streitereien um die besten Futterstellen, Übernachtungsplätze und Nisthöhlen.
Brutsaison: Der Bruttrieb ist bei den Kakadus von den Umweltbedingungen abhängig. Das bedeutet, die Vögel werden zur Brut angeregt, wenn das Pflanzenwachstum seinen Höhepunkt erreicht hat beziehungsweise auch die Wetterverhältnisse optimal sind. Brutreife Paare sondern sich von der Gruppe ab und gehen auf Nisthöhlensuche. Als Bruthöhle dienen ausgefaulte Baumstämme oder verlassene Spechthöhlen. Meistens werden die Nisthöhlen mit den starken Schnäbeln erweitert. Die dabei in die Höhle fallenden Späne nutzen die Kakadus als Unterlage für ihre Eier. Zusätzliches Nistmaterial bringen sie in der Regel nicht ein. Die Kakadus der tropischen Regenwälder auf den Indonesischen Inseln schreiten nach der Regenzeit zur Brut und versuchen, jährlich die gleichen Nisthöhlen zu besetzen. Kakadu-Arten, die in den Trockengebieten Inneraustraliens zuhause sind, führen eine nomadische oder teilnomadische Lebensweise. Sie brüten vermutlich jährlich – je nach Nahrungsangebot – in verschiedenen Gebieten. Eiablage, Gelegegröße und Brutzeit variieren von Art zu Art. Nach dem Schlüpfen der Jungen sind die Kakadueltern viele Wochen mit der Aufzucht ihrer Jungen beschäftigt. Danach schließen sich die Eltern mit ihren Jungen als Familienverbände wieder mit anderen Kakadus zu einem lockeren Schwarm zusammen, der wiederum bis zum Beginn der nächsten Brutsaison bestehen bleibt.

Wichtige Verhaltensweisen der Kakadus

Damit Sie Ihre Kakadus besser verstehen und die Verhaltensweisen richtig deuten können, haben wir Ihnen die häufigsten Verhaltensformen und Bewegungsabläufe beschrieben.

Nahrungsaufnahme und Trinken

Sämereien enthülst der Kakadu im Schnabel mit Hilfe seiner Zunge. Obst und Grünfutter zerkleinert er mit dem Schnabel. Wie die meisten Großpapageien benutzen Kakadus den Fuß wie eine Hand, um Futterbrocken festzuhalten und zum Schnabel zu führen. Beim Trinken schöpfen die Vögel mit dem Unterschnabel Wasser und legen zum Schlucken den Kopf in den Nacken.

Ruhen und Schlafen

Gesunde Vögel ruhen und schlafen auf einem Bein; das andere Bein wird ins Bauchgefieder gezogen. Das Körpergefieder ist leicht abgestellt, der Kopf meist zurückgedreht und bis zur Schnabelwurzel im Rückengefieder versteckt. Die Augen sind dabei ganz oder teilweise geschlossen.

Bewegungsformen

Kakadus, die in Menschenobhut leben, sind tagsüber beinahe ständig in Bewegung. Im Käfig klettern und turnen sie unermüdlich herum; in Freivolieren trifft man sie fast ausschließlich kletternd, scharrend, nagend oder fliegend an. Neben den natürlichen Bewegungsabläufen sind Kakadus auch in der Lage, durch gezielte Dressur Bewegungen spielerisch nachzuahmen. So gibt es Kakadus, die Gegenstände transportieren können, kleine Spielzeugautos schieben, von einem Löffel fressen und vieles andere mehr.

Laufen: Besonders die Kakadus der trockenen Steppen- und Graslandschaften Inneraustraliens sind »gut zu Fuß«, denn sie finden ihre Nahrung vorwiegend am Boden. Das Laufen ist somit bei diesen Arten auch in Volieren oder im Käfig häufig zu beobachten. Die Körperhaltung der Kakadus ist beim Laufen aufrecht und sie laufen mit großen, stakenden Schritten.

Scharren: Einige Kakadu-Arten scharren gerne. Diese Verhaltensweise hat sich daraus entwickelt, daß sie ihre Nahrung hauptsächlich am Boden finden. Die ausgeprägteste Anpassung an diese Form der Nahrungssuche findet man beim Nasenkakadu. Er hat einen verlängerten Oberschnabel zum Graben im Erdreich ausgebildet.

Das Klettern: Die meisten Kakadu-Arten besitzen ein recht gutes Klettervermögen. Bieten Sie deshalb dem Papageien viele Klettermöglichkeiten in Käfig und Voliere an.

Das Fliegen: Auf der Suche nach Nahrungsplätzen legen manche Kakadu-Arten in freier Natur oft weite Strecken zurück. Sie sind ausgezeichnete Flieger. In Menschenobhut genießt ein Kakadu besonders die Möglichkeit des Freiflugs in der Wohnung und auch in der Freivoliere oder Vogelstube. Beim Freiflug läßt sich gut beobachten, wie gewandt diese Papageien fliegen. Man kann sich leicht vorstellen, wie groß die psychische Belastung für einen Kakadu sein muß, der auf Dauer in einem viel zu kleinen Käfig gehalten wird.

Drohverhalten. Ähnlich wie bei der Balz »imponiert« der Kakadu mit aufgestellter Federhaube, abgespreizten Flügeln und gefächertem Schwanz. Dem Feind oder Rivalen signalisiert dieses Verhalten Angriffsbereitschaft.

Komfortverhalten

Das Komfortverhalten umfaßt vor allem Verhaltensweisen, die mit der Körperpflege der Kakadus im weitesten Sinne in Zusammenhang stehen.

Gefiederpflege: Ein Kakadu pflegt sein Gefieder mehrmals täglich. Die einzelnen Federn werden dabei durch den Schnabel gezogen und so gereinigt. Er beginnt meist im Kleingefieder, danach putzt er Hand- und Armschwingen sowie das Schwanzgefieder. Durch reibende Kopf- und Schnabelbewegungen verteilt er zum Schluß über die Puderdunen den Puderstaub im gesamten Gefieder.

Kopfkratzen: Das Kopfkratzen gehört ebenfalls zur Gefiederpflege. Dabei hebt der Vogel seinen Fuß zum Kopf und kratzt sich unter Drehen und Wenden des Kopfes. Einige Kakadus benutzen manchmal auch kleine Ästchen als Kratzhilfe.

Ein ungewöhnliches Kratzverhalten ist das langsame, beinahe zeitlupenhaft verzögerte Kopfkratzen, das eher wie Selbstkraulen wirkt. Vor allem bei Einzelvögeln ist diese Verhaltensweise zu beobachten. Wahrscheinlich befriedigt der Einzelvogel dadurch sein Bedürfnis nach sozialer Gefiederpflege (→ Seite 39) durch einen Partnervogel.
Schnabelpflege: Schmutz- und Futterreste am Schnabel beseitigt der Kakadu, indem er den Schnabel an einer harten Unterlage, zum Beispiel an der Sitzstange, reibt.
Duschbad: Alle Kakadus nehmen gerne ein Duschbad, wenn sie daran gewöhnt sind. Dabei stellen sie die Flügel leicht ab und fächern den Schwanz. Während des Duschens drehen und wenden sie den gesamten Körper und schlagen mit den Flügeln, damit das Gefieder überall durchfeuchtet wird.
Strecken: Streckbewegungen sind häufig nach Ruhephasen zu beobachten und oftmals mit Gähnen verbunden. Ein Flügel und ein Bein der gleichen Körperseite werden nach hinten/unten gestreckt, während gleichzeitig die entsprechende Schwanzhälfte gefächert wird. Manchmal können Sie auch beobachten, wie die Vögel beide Flügel kurz über dem Rücken anheben und spreizen. Beim Gähnen werden die Schnabelpartien gedehnt. Es dient vor allem der Sauerstoffversorgung des Körpers.

Soziales Verhalten

Bereits vor Eintritt der Geschlechtsreife entwikkeln Kakadus soziale Kontakte, die mit der Zeit zur Paarbildung führen.

Balzverhalten

Vor allem die Verhaltensweisen bei der Balz fördern das Zusammenfinden eines Kakadupaares und dienen der Festigung dieser Beziehung. Junge und unerfahrene Kakadus haben ein besonders ausgeprägtes Balzverhalten.
Imponierverhalten: Eine Art Vorläufer der eigentlichen Balz ist das Imponierverhalten (→ Balz und Paarung, Seite 39). Dabei präsentiert das Männchen seinen Körper vor dem erwählten Weibchen. Mit gefächertem Schwanz, abgespreizten Flügeln, gesträubtem Gefieder und manchmal aufgestellter Haube, deren Färbung gleichzeitig als Warnsignal für Rivalen gilt, macht das Männchen auf sich aufmerksam. Begleitet wird das Imponierverhalten von abgehackten, »eckigen« Bewegungen und einem ruckartigen Heben und Senken des Körpers auf dem Sitzast. Dieses auffällige Verhalten soll – neben der Werbung um die »Auserwählte« – männliche Rivalen abschrecken und vom Weibchen fernhalten. Das Imponieren dient deshalb teilweise auch als Drohverhalten. Das Weibchen verhält sich bei den Annäherungsversuchen des Männchens anfangs abwehrend und weicht einer Paarung aus. Mit der Zeit duldet es jedoch das Männchen immer mehr in seiner Nähe.
Soziale Gefiederpflege: Das gegenseitige Kraulen, das als soziale Gefiederpflege bezeichnet wird, hat während der Balz eine beschwichtigende, aggressionshemmende Funktion. Dadurch pflegen die Vögel immer intensivere Kontakte und es kommt schließlich zur Kopulation.
Kopulation: Bei der Kopulation befliegt das Männchen das Weibchen und begattet es durch Zusammenführen der Analöffnungen. Zwischen erwachsenen Paaren, die bereits mehrere erfolgreiche Bruten hinter sich haben, kann der Balzvorgang stark verkürzt sein, und es kommt unter Umständen zu spontanen Kopulationen. Oft fordert das Weibchen den Partner zur Begattung auf.
Drohverhalten: Das Drohverhalten gleicht in Teilen dem Imponierverhalten. Ganz allgemein kann man sagen, daß die Droh- und Angriffsbereitschaft gegenüber vermeintlichen Feinden beziehungsweise Rivalen mit wachsendem Bruttrieb zunimmt. Schnabelklapppern und die Lateralpräsentation (Vorderkörper senken, Schwanz heben und Schwanzfedern spreizen) drücken ebenfalls eine aggressive Stimmung aus.

Beliebte Kakadu-Arten

Wissenswertes über Kakadus

Von den rund 8600 Vogelarten der Erde gehören etwa 320 Arten zu den Papageien. Innerhalb der Ordnung der Papageienvögel gibt es 18 Kakadu-Arten, zu denen auch die Nymphensittiche gerechnet werden.
Kakadus haben – wie die Mehrzahl der Papageien – einen kräftigen, beweglichen »Krummschnabel« und eine besondere Zehenstellung (zwei Zehen weisen nach vorn, zwei nach hinten). Ihr meist weißes oder auch dunkles Federkleid sowie die beweglichen, verlängerten Stirn- und Scheitelfedern (Spitz-, Breit- und Rundhauben) unterscheiden sie jedoch optisch von anderen Papageien.
Verbreitung: Kakadus sind über weite Teile Australiens und Indonesiens verbreitet. Das nördlichste Verbreitungsgebiet hat der Rotsteißkakadu. Er bewohnt die Philippineninsel Luzon (19 ° nördlicher Breite). Die südlichste Verbreitung erreichen der Gelbohr-Rabenkakadu und der Gelbhaubenkakadu. Beide Arten kommen unter anderem noch auf Tasmanien vor. Kakadus besiedeln – vereinfacht dargestellt – drei Lebensräume: Tropische Regenwälder mit hohen Temperaturen und starken Niederschlägen; Graslandschaften als Übergangszonen zwischen Regenwald und Wüste (Feucht- und Trockensavannen) und Wüsten mit steppenartiger Vegetation und unregelmäßigen, geringen Niederschlägen.
Die Kakadu-Arten: Die in diesem Buch beschriebenen Arten sind mit einem * gekennzeichnet.
Familie: *Cacatuidae* – Kakadus
Unterfamilie: *Cacatuinae* – eigentlich Kakadus

Gattung: *Probosciger*
Art: Palmkakadu (*P. aterrimus,* fünf Unterarten)

Gattung: *Calyptorhynchus*
Arten: Rotschwanz-Rabenkakadu (*C. magnificus,* vier Unterarten)
Braunkopfkakadu *(C. lathami)*
Gelbohr-Rabenkakadu (*C. funereus,* drei Unterarten)
Weißohr-Rabenkakadu (*C. baudinii,* vier Unterarten)

Gattung: *Callocephalon*
Art: Helmkakadu *(C. fimbriatum)*

Gattung: *Eolophus*
Art: Rosakakadu* (*E. roseicapillus,* zwei Unterarten)

Gattung: Cacatua
Arten: Rotsteißkakadu* *(C. haematuropygia)*
Goffin-Kakadu* *(C. goffini)*
Nacktaugenkakadu* (*C. sanguinea,* zwei Unterarten)
Nasenkakadu (*C. tenuirostris,* zwei Unterarten)
Salomonenkakadu *(C. ducorps)*
Brillenkakadu *(C. ophthalmica)*
Gelbhaubenkakadu* (*C. galerita,* drei Unterarten)
Gelbwangenkakadu* (*C. sulphurea,* sechs Unterarten)
Weißhaubenkakadu* *(C. alba)*
Molukkenkakadu* *(C. moluccensis)*
Inkakakadu *(C. leadbeateri)*

Häufig gehaltene Kakadu-Arten

Nur noch 7 Kakadu-Arten (WA, Anhang II) werden gelegentlich importiert und im Handel angeboten. Von jeder dieser Arten finden Sie nachfolgend eine ausführliche Beschreibung. Der ebenfalls beschriebene Molukkenkakadu steht seit Oktober 1989 im Anhang I des WA (→ Seite 12).

Rosakakadu

Eolophus roseicapillus (2 Unterarten)
Fotos Seite 28, 38, 47, 48, Umschlagrückseite

Beschreibung: Gesamtlänge 35 cm. Männchen: Oberseite grau, Unterseite rosarot; Stirn, Scheitel, Nacken und Haubenfedern blaßrosa, fast weiß; Unterschwanzdecken grau; Schwanzunterseite grauschwarz; Schnabel gelblichgrau; Beine grau; Iris dunkelbraun bis schwarz. Weibchen: Gleicht Männchen, aber Iris rot bis rotbraun.

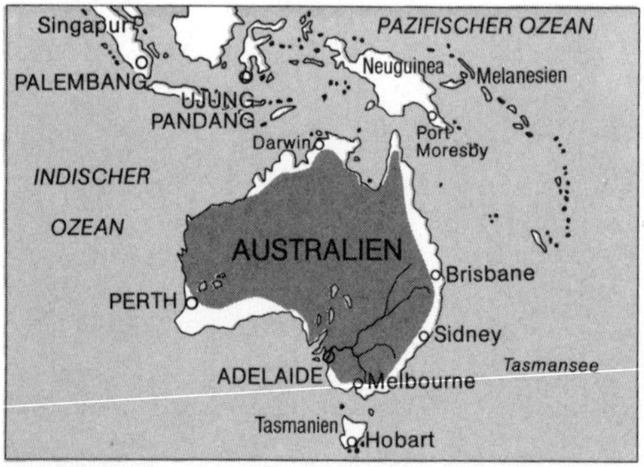

Verbreitung: Gesamtes Innere des australischen Kontinents.
Lebensraum: Vor allem Trockengebiete, aber auch andere Klima- und Vegetationsformen; häufig in der Nähe künstlich angelegter Wasserstellen, in Parks und in Hausgärten.
Haltung: Rosakakadus gehören zu den begehrtesten, gesuchtesten und teuersten Papageien. Wegen des hohen Anschaffungspreises werden sie selten als Stubenvögel gehalten. Gelegentlich sind sie bei Züchtern zu finden, die die fluggewandte Art paarweise in geräumigen Volieren pflegen; als Volierenvögel sind sie relativ unempfindlich und weitgehend klimahart. Rosakakadus haben ein nicht so stark ausgeprägtes Nagebedürfnis und eine nicht so laute Stimme wie die meisten anderen Kakadu-Arten.
Zucht: Die Zucht ist häufig gelungen. Bei der Balz stolziert das Männchen auf das Weibchen zu, neigt den Kopf nach vorn und stellt die Haube auf. Ein kurzes Schnabelklappern begleitet die Balz. Weibchen tragen vor der Eiablage kleine Zweige und Blätter als Nestunterlage in den Nistkasten ein. Das Gelege besteht aus 3 bis 4 Eiern, die von beiden Elternteilen im Wechsel 25 Tage lang bebrütet werden. Nach etwa 7 Wochen verlassen die Jungen den Nistkasten. Rosakakadus wurden mit Helm-, Nasen-, Gelbhauben- und Inkakakadus gekreuzt.

Rotsteißkakadu
Cacatua haematuropygia

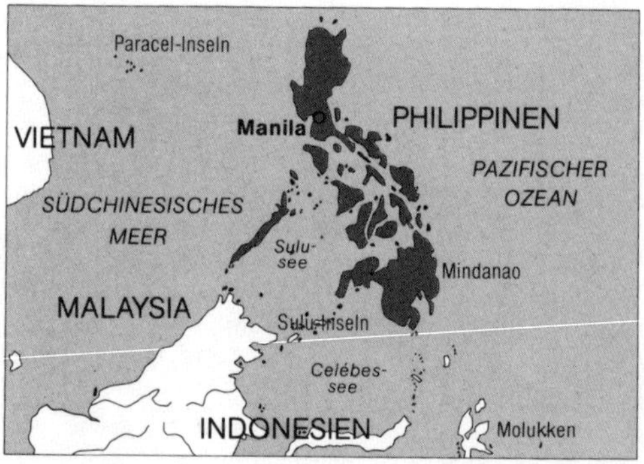

Beschreibung: Gesamtlänge 31 cm. Männchen: Grundgefiederfärbung weiß; Ohrfleck schwach gelb; kleine breite Haube mit gelblicher Färbung an der Federbasis; Unterflügeldecken und Schwanzunterseite gelblich; Steißgefieder rot mit weißen Säumen; unbefiederter Augenring weiß; Schnabel grauweiß; Beine grau; Iris schwarzbraun. Weibchen: Gleicht dem Männchen, jedoch Iris rotbraun bis rot.
Verbreitung: Philippineninseln einschließlich Palawan und den Sulu-Inseln.
Lebensraum: Vorwiegend Wälder mit Ursprungsvegetation; sucht nur gelegentlich zur Nahrungsaufnahme offene Flächen und Getreidefelder in Waldrandnähe auf.
Haltung: Die Haltung des Rotsteißkakadus ist keineswegs unproblematisch. Jungvögel neigen während der ersten Hauptmauser zu Störungen der Gefiederbildung (→ Krankheiten, Seite 31), deren Folgen nicht selten zum Tode führen. Eine besonders sorgfältige Auswahl beim Kauf ist notwendig (→ Die Auswahl eines gesunden Kakadus,

Kakadus in ihrer australischen Heimat. ▷
Rotschwanz-Rabenkakadus (oben); Rosakakadu-Schwarm (unten).

Seite 8). Die Stimme des Rotsteißkakadus ist gut erträglich und er setzt sie meist morgens und abends ein. Geräumige Volieren mit geheizten Unterkünften sind für diese hervorragenden Flieger empfehlenswert. Sie neigen bei beengter (Einzel-)Haltung zum Federrupfen.
Zucht: Die Zucht ist bisher nur ausnahmsweise gelungen; Welterstzucht 1974 bei W. Eichelberger in der Schweiz. Rotsteißkakadus sind bei der Partnersuche wählerisch. Männchen werden während der Brutzeit selbst ihren Weibchen gegenüber überaus aggressiv und können ihnen unter Umständen schwere Verletzungen zufügen. Das Gelege besteht aus 2 bis 3 Eiern. Die Brutzeit beträgt etwa 30 Tage. Nach ungefähr 60 Tagen verlassen die Jungvögel den Nistkasten. In der Literatur wird die Kreuzung zwischen einem Rotsteiß- und einem Inkakakadu beschrieben.

Goffin-Kakadu

Cacatua goffini
Fotos Umschlagseite 2, Seite 10, 28, Umschlagrückseite

Beschreibung: Gesamtlänge 32 cm. Männchen: Grundgefiederfärbung weiß; Zügel rosa; kleine Rundhaube; Flügel- und Schwanzunterseite gelblich; unbefiederter Augenring grauweiß; Schnabel weißlich-gelb; Beine hellgrau; Iris schwarz. Weibchen: Gleicht Männchen, aber Iris braunrot.
Verbreitung: Ausschließlich auf den Neuguinea vorgelagerten Tanimbar-Inseln.
Lebensraum: Vorwiegend Wälder.
Haltung: Der Goffin-Kakadu ist einer der kleinsten Kakadus. Er scheint bei den Papageienhaltern nicht sehr beliebt zu sein, denn in Fachzeitschriften wurde innerhalb der letzten 10 Jahre wenig über ihn berichtet. Goffin-Kakadus sind in der Haltung problemlos und unempfindlich. Sie können in einem trockenen, zugluftfreien, schwach beheizten Schutzhaus überwintert werden. Allerdings haben Goffin-Kakadus ein starkes Nagebedürfnis und eine verhältnismäßig laute Stimme. Sie neigen in beengter Unterbringung selbst bei paarweiser Haltung zum Federrupfen. Ein Einzelvogel kann sehr zahm werden und lernt, verschiedene Kunststückchen nachzuahmen.

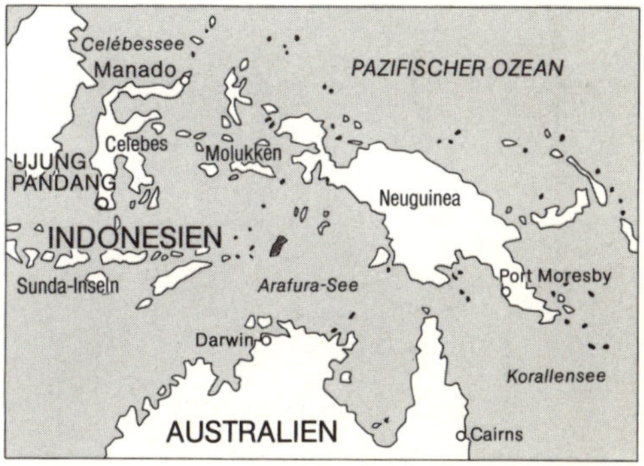

Zucht: Die Zucht ist bisher selten gelungen; deutsche Erstzucht 1978 bei Th. Weise in Dortmund. Die kleinen Kakadus zeigen ein eher unauffälliges Balzverhalten, das von Schnabelklappern (bei beiden Geschlechtern) begleitet wird. Das Gelege besteht aus 2 bis 3 Eiern. Die Brutzeit beträgt 26 bis 28 Tage. Wann die Jungen den Nistkasten verlassen, ist nicht genau bekannt. Die Angaben schwanken zwischen 60 und 85 Tagen.

Nacktaugenkakadu

Foto Seite 37
Cacatua sanguinea (2 Unterarten)

Beschreibung: Gesamtlänge 40 cm. Männchen und Weibchen: Grundgefiederfärbung weiß mit rötlichem Anflug im Stirn-, Scheitel-, Nacken- und Kehlbereich; kleine Rundhaube; blaugrauer, unbefiederter Augenring; Schnabel hornfarben bis weiß; Beine grau; Iris bei beiden Geschlechtern

◁ Australische Rosakakadus beim Trinken im Flug.
Der Kakadu fliegt an und senkt den Kopf (oben); er taucht den Schnabel zum Trinken ins Wasser und startet sofort wieder (unten). Eine Fotoserie der Tierfilmer Arendt und Schweiger.

dunkelbraun bis schwarz. Das Weibchen ist unwesentlich kleiner als das Männchen.
Verbreitung: Die Nominatform in Ost-, Nordwest- und Nordaustralien, die Unterart *Cacatua sanguinea normantoni* in Teilen Süd-Neuguineas.
Lebensraum: Vornehmlich trockene Inlandsgebiete; die offenen Landschaften entlang der Flußläufe werden bevorzugt, geschlossene Wälder weitgehend gemieden. Wie der Rosakakadu folgt der Nacktaugenkakadu den Menschen bis in die Gärten und Parks und richtet in den Getreideanbaugebieten mitunter große Schäden an.

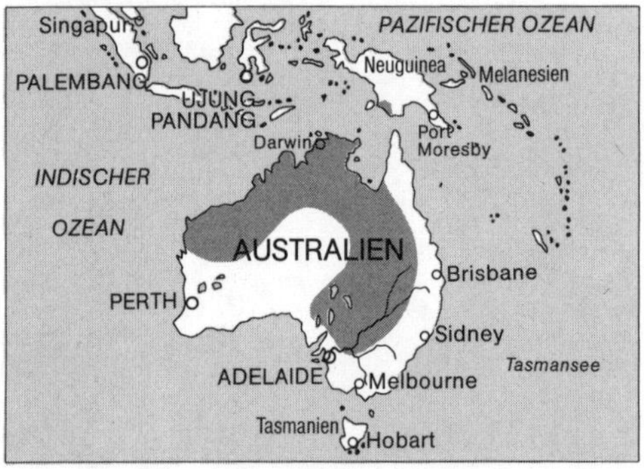

Haltung: Da Australien die Ausfuhr sämtlicher Tier- und Pflanzenarten seit 1960 untersagt, kommen fast ausschließlich Tiere der Unterart *Cacatua sanguinea normantoni* in den Handel. Diese Form stammt aus Neuguinea. Jungtiere werden schnell zahm und lernen Worte nachzuahmen. Nacktaugenkakadus haben eine enorm laute Stimme und ein starkes Nagebedürfnis.
Zucht: Obwohl Nacktaugenkakadus nur in geringer Anzahl eingeführt wurden, ist die Zucht relativ häufig gelungen. Die größten Zuchterfolge hat bislang der Zoo von San Diego, Kalifornien aufzuweisen, wo zwischen 1929 und 1970 von einem einzigen Paar 103 Junge – die meisten davon durch Handaufzuchten – nachgezogen wurden. Das Gelege besteht aus 2 bis 3 Eiern. Die Brutdauer beträgt 21 bis 24 Tage. Die Jungen verlassen nach 45 bis 50 Tagen den Nistkasten.

Gelbhaubenkakadu Foto Seite 9
(Großer Gelbhaubenkakadu)
Cacatua galerita (3 Unterarten)

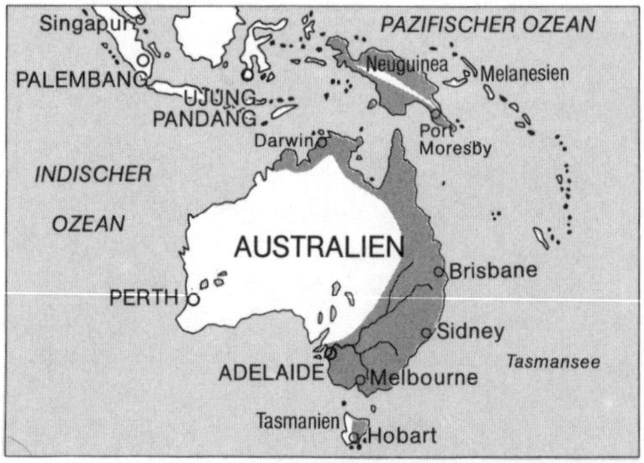

Beschreibung: Gesamtlänge 50 cm. Männchen: Grundgefiederfärbung weiß; Ohrflecken – je nach Unterart – blaßgelb bis gelb; Spitzhaube, Flügel- und Schwanzunterseite gelb; unbefiederter Augenring weiß; Schnabel grauschwarz; Beine grau; Iris tief dunkelbraun bis schwarz. Weibchen: Gleicht dem Männchen, jedoch Iris rötlichbraun. Der Triton Gelbhaubenkakadu *(Cacatua galerita triton)* unterscheidet sich von allen anderen Unterarten durch den blauen, unbefiederten Augenring.
Verbreitung: Nordost- und Südaustralien, Tasmanien, King-Inseln, Neuguinea, Aru-Inseln.
Lebensraum: Offene Waldlandschaften, meist in der Nähe von Wasserläufen; gelegentlich auch Sumpfgebiete und tropischer Regenwald.
Haltung: Neben dem Molukkenkakadu ist der Gelbhaubenkakadu der größte Vertreter seiner Gattung. Er hat ein ausgeprägtes Nagebedürfnis und läßt durchdringende Laute hören. Für eine Haltung in der Wohnung sind Gelbhaubenkakadus nur bedingt geeignet. Jungvögel werden sehr zahm und haben ein äußerst verspieltes Wesen. Volierenvögel sind robust und anspruchslos und können sogar in ungeheizten – aber trockenen und zugluftfreien – Unterkünften überwintern.
Zucht: Die Zucht ist mehrfach gelungen. Gelbhaubenkakadus zeigen ein eindrucksvolles Balz-

verhalten mit gefächertem Schwanzgefieder, aufgestellter Haube und ruckartigen Imponierbewegungen. Das Gelege besteht aus 2 bis 3 Eiern. Die Brutzeit beträgt um 30 Tage (beide Geschlechter brüten im Wechsel). Die Nestlingszeit liegt um 85 Tage. Jungvögel nehmen etwa um den 100. Tag herum selbständig Futter auf.

Gelbwangenkakadu

(Kleiner Gelbhaubenkakadu)
Cacatua sulphurea (6 Unterarten)
Fotos Titelseite, 27, 38

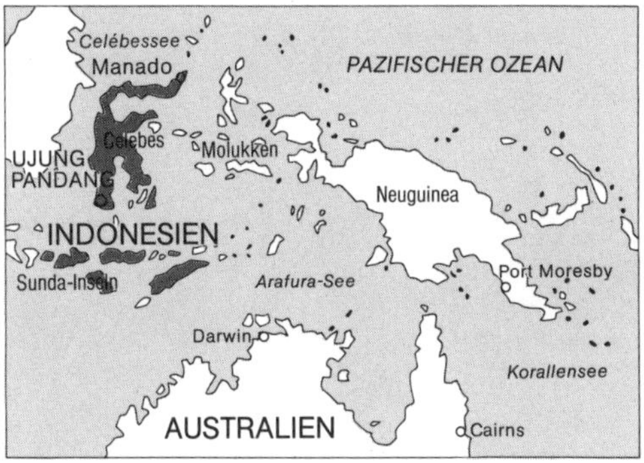

Beschreibung: Gesamtlänge 34 cm; Männchen: Grundgefiederfärbung weiß; runde Ohrflecken, Spitzhaube, Flügel- und Schwanzunterseite gelb. Weibchen: Gleicht dem Männchen, jedoch Iris ab dem dritten Lebensjahr braunrot. Von allen 6 Unterarten des Gelbhaubenkakadus ist der Orangenhaubenkakadu *(Cacatua sulphurea citrinocristata)* am auffälligsten. Er trägt anstelle der gelben Gefiederabzeichen orangegefärbte Ohrflecken und eine orangefarbene Haube.
Verbreitung: Insel Celebes, Sunda-Inseln, mehrere kleine Inseln der Flores- und Java-See.
Lebensraum: Offene Waldgebiete, gelegentlich geschlossene Wälder und Getreideanbaugebiete.
Haltung: Gelbwangenkakadus werden am häufigsten von allen Kakadu-Arten in Menschenobhut gepflegt; früher bevorzugt als Stubenvogel, heute dagegen zunehmend paarweise in der Volierenhaltung. Gelbwangenkakadus brauchen geräumige Unterkünfte, denn sie sind gute Flieger. Wegen ihrer enormen Schnabelkraft ist eine solide Volierenbauweise notwendig. Naturäste und kleine Holzbrettchen sollten zur Vorbeugung von Langeweile und zur Unterstützung des Nagebedürfnisses regelmäßig angeboten werden.
Zucht: Von allen Kakadu-Arten gelingt beim Gelbwangenkakadu die Zucht am leichtesten. Nur die Paarzusammenstellung erweist sich manchmal als recht schwierig, denn es kommt vor, daß Männchen den Weibchen gegenüber sehr aggressiv sind und sie – oft bis zur Erschöpfung – durch die Voliere jagen und auch vom Futterplatz wegdrängen. Ausweichmöglichkeiten und Sichtblenden sind deshalb zum Schutz des Weibchens vorteilhaft. Manchmal sind Umpaarungen unvermeidlich. Die Balz verläuft sehr eindrucksvoll, mit aufgerichteter Federhaube, gespreiztem Schwanz, aufrechtem Stolzieren und ruckartigen »Verbeugungen«, ähnlich wie beim Gelbhaubenkakadu. Das Gelege besteht aus 2 bis 3 Eiern, die im Wechsel von beiden Geschlechtern bebrütet werden. Die Brutdauer beträgt um 24 Tage (Orangenhaubenkakadu 27 bis 28 Tage). Die Nestlingszeit liegt zwischen 8 und 10 Wochen.

Weißhaubenkakadu

Foto Seite 38
Cacatua alba

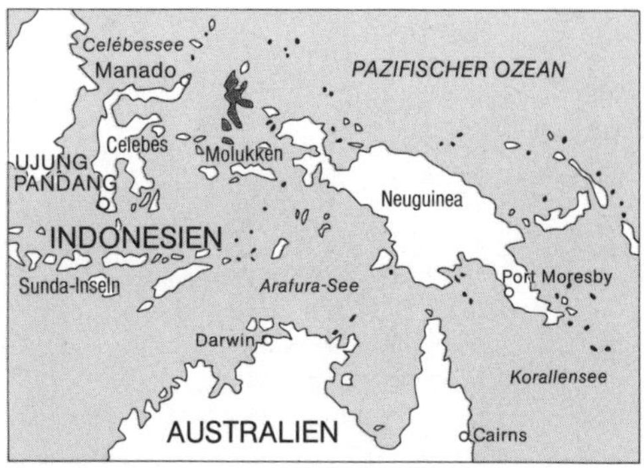

Beschreibung: Gesamtlänge 45 cm; Männchen: Grundgefiederfärbung weiß; breitfedrige Kopfhaube weiß; unbefiederter Augenring cremeweiß; Schnabel schwarz; Beine dunkelgrau; Iris dunkelbraun bis schwarz; Weibchen: Gleicht dem Männchen, jedoch Iris rotbraun;
Verbreitung: Molukkeninseln Obi, Batjan, Tidore und Ternate.
Lebensraum: Weitgehend unbekannt.
Haltung: Weißhaubenkakadus gehören zu den seltener gehaltenen Arten. In der Literatur gibt es kaum Berichte über sie. Diese Papageien sollte man nur in geräumigen, stabilen Unterkünften halten, denn sie sind sehr laut und haben eine alles zerstörende Schnabelkraft. Für die Wohnungshaltung eignen sich Weißhaubenkakadus nicht, wenngleich jung importierte Vögel leicht zahm werden können und für eine gewisse Zeit vertraute Hausgenossen abgeben. Die Volierenhaltung ist auf jeden Fall empfehlenswert; dort sind die Vögel relativ unempfindlich, benötigen aber stets einen leicht erwärmten Schutzraum.
Zucht: Erste Zuchterfolge wurden in den sechziger und siebziger Jahren aus den USA gemeldet; in der Bundesrepublik gibt es zur Zeit vermutlich rund zehn Zuchtpaare. Die Balz geht wahrscheinlich vom Weibchen aus. Es führt vor der Kopulation eine Art Balztanz aus und hüpft dabei von einem Bein auf das andere. Das Gelege besteht durchschnittlich aus 2 Eiern. Die Brutdauer beträgt 29 bis 30 Tage. Die Nestlingszeit liegt zwischen 80 und 100 Tagen.

Molukkenkakadu

Cacatua moluccensis
Foto Umschlagseite 3

Beschreibung: Gesamtlänge 55 cm. Männchen: Grundgefiederfärbung weiß, vielfach rosa überhaucht; Rundhaube mit rosafarbenen Deckfedern und orangerot gefärbten Haubenfedern; Schnabel schwarz; Beine grau; Iris schwarz; Weibchen: Gleicht dem Männchen, jedoch Iris tief dunkelbraun.
Verbreitung: Molukkeninseln Ceram, Saparua, Haruku und Amboina.
Lebensraum: Küstennahe Waldgebiete, vornehmlich Niederungen und hügeliges Gelände unterhalb 1000 m.

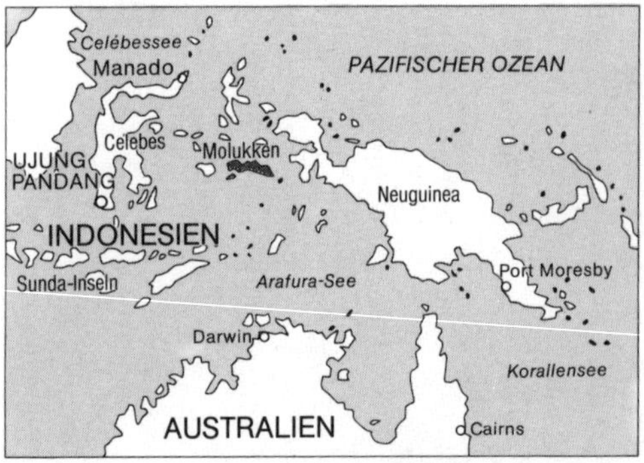

Haltung: Der Molukkenkakadu ist der größte im Handel befindliche Kakadu. Er gelangt vielfach vorgezähmt zu den Großhändlern. Die Vögel sind für die Käfighaltung in der Wohnung völlig ungeeignet, unter anderem wegen des oft lautstarken Geschreis, der zerstörerischen Schnabelkraft und der Größe. Molukkenkakadus sind sehr sensible Tiere, die aus den verschiedensten Gründen zu den häufigsten Federrupfern unter den Papageienvögeln gehören (→ Krankheiten, Seite 31). Die paarweise Haltung in einer Freivoliere mit viel Bewegungsmöglichkeiten und Beschäftigungsgegenständen wäre eine artgemäße Unterbringung. Manche Vögel können mit beschnittenen Schwungfedern gut auf einem Kletterbaum (→ Seite 16) gehalten werden.
Zucht: Die Zucht gelang bisher nur selten. In der Bundesrepublik sind bislang fünf oder sechs Zuchten bekannt. Das sensible Wesen der Vögel, die Schwierigkeit der Paarzusammenstellung, die Notwendigkeit riesiger Unterkünfte und der Anschaffungspreis zweier Vögel erschwert Zuchtversuche beträchtlich. Das Gelege besteht meist aus 2 Eiern. Die Brutzeit beträgt 28 bis 30 Tage. Die Nestlingszeit liegt bei ungefähr 90 Tagen.

Arten- und Sachregister

Die **halbfett** gesetzten Seitenzahlen verweisen auf Farbfotos und Zeichnungen. U = Umschlagseite.

Arten- und Sachregister

Literatur und Adressen

Bücher und Zeitschriften, die weiterhelfen

Aeckerlein, W.: *Die Ernährung des Vogels.* Ulmer-Verlag, Stuttgart
Ebert, U.: *Vogelkrankheiten.* Schaper-Verlag, Alfeld
Frohne, Pfänder: *Giftpflanzen.* Wissenschaftliche Verlagsgesellschaft mbH, Stuttgart
Grahl, W. de: *Papageien.* Ulmer-Verlag, Stuttgart
Hoppe, D.: *Kakadus.* Ulmer-Verlag, Stuttgart
Low, R.: *Das Papageienbuch.* übers. und bearb. von K. Kolar, Ulmer-Verlag, Stuttgart
Robiller, F.: *Käfige und Volieren.* Augustus Verlag, Augsburg
Schnabl, H.: *Wild-, Kulturpflanzen, Futtermischungen und animalische Futterstoffe zur Vogelernährung.* Philler-Verlag, Minden
Wolter, A.: *Papageien richtig pflegen und verstehen.* Gräfe und Unzer Verlag, München

Zeitschriften
Gefiederte Welt, herausgegeben von Dr. J. Steinbacher, Ulmer-Verlag, Postfach 70 05 61, D-7000 Stuttgart 70
Die Voliere, herausgegeben von B. Hachfeld, Schaper-Verlag, Postfach 16 42, D-3220 Alfeld
Papageien, herausgegeben von Th. Arndt, Müller-Verlag, An der Warnau 33, D-3036 Bomlitz
Tropische Vögel (früher *Trochilus*), herausgegeben von Dr. K. L. Schuchmann, Biotropic-Verlag, Blochmatt 7, D-7570 Baden-Baden

Adressen, die weiterhelfen

Vereine
Vereinigung für Artenschutz, Vogelhaltung und Vogelzucht (AZ e. V.); Geschäftsstelle: Helmut Uebele, Untere Au 30, D-7150 Backnang
Institut für Papageienforschung e. V., Drostenkampstr. 15, D-4200 Oberhausen 11
Exotis, Schweizerische Vereinigung für Zucht und Pflege exotischer Vögel; Geschäftsstelle: Exotis, C/O Erika Rusterholz, Bachserstraße, CH-8173 Neerach
Zoologische Gesellschaft Österreichs, Haus des Meeres, Esterhazypark, A-1060 Wien

Fragen zur Tierhaltung beantworten:
Ihr Zoofachhändler
Zentralverband Zoologischer Fachbetriebe Deutschlands e. V., Rheinstraße 35, Postfach 14 20, D-6070 Langen, Telefon (0 61 03) 2 30 95

Wichtige Hinweise

Menschen, die an einer Feder- beziehungsweise Federstauballergie leiden, sollten keine Papageien halten. Fragen Sie im Zweifelsfall vor der Anschaffung den Arzt.
Beim Umgang mit Papageien können Verletzungen durch Beißen oder Kratzen vorkommen. Lassen Sie solche Verletzungen sofort vom Arzt versorgen.
Die Psittakose (Papageienkrankheit) gehört zwar nicht zu den häufigen Krankheiten der Papageien (→ Seite 34), aber sie kann bei Menschen und Papageien zum Teil lebensgefährliche Krankheitserscheinungen hervorrufen. Gehen Sie deshalb im Zweifelsfall mit dem Papagei zum Tierarzt, suchen Sie bei Erkältungs- und Grippeerscheinungen unbedingt selbst den Arzt auf und weisen Sie diesen auf die Papageienhaltung hin.

Molukkenkakadu ▷